Freiarbeit
mit Religionsunterricht praktisch

Materialien
für das 5. und 6. Schuljahr

Herausgegeben
von Ilka Kirchhoff

Erarbeitet von
Marlies Funke, Sibylle Hassels, Ilka Kirchhoff,
Beate Leßmann, Magdalene und Wolfgang Pusch,
Holm Schüler, Martina Steinkühler

Vandenhoeck & Ruprecht

Die Deutsche Bibliothek – CIP-Einheitsaufnahme

Ein Titeldatensatz für diese Publikation ist bei Der Deutschen Bibliothek erhältlich.

ISBN 3-525-61407-1

© 2002, Vandenhoeck & Ruprecht in Göttingen
www.vandenhoeck-ruprecht.de
Satz: Weckner Fotosatz GmbH | media+print, Göttingen
Druck und Bindung: Hubert & Co., Göttingen

Inhalt

Einführung mit Basiskarten 5

A   Zusammenleben als Fremde und Nächste *(Ilka Kirchhoff)* 21

B   Gottes Auftrag: Bewahre die Schöpfung *(Sibylle Hassels)* 43

C   So lebten die Menschen zur Zeit Jesu *(Ilka Kirchhoff)* 65

D   So spannend sind Kirchenräume *(Beate Leßmann/Holm Schüler)* 85

E   Emine und Mustafa sind Muslime –
Sie leben in Deutschland *(Ilka Kirchhoff)* 103

F   Selig sind die Friedfertigen?!
Umgang mit Konflikten und Gewalt *(Sibylle Hassels)* 129

G   Unterwegs im Advent – Unterwegs nach Weihnachten *(Marlies Funke)* 153

Einführung

1. Freiarbeit – Nur etwas für die „Kleinen"?

Spricht man mit Grundschullehrerinnen und -lehrern, so erzählen sie oft von ihren guten Erfahrungen mit der Freiarbeit. Die Kinder arbeiten selbstständig, engagiert und fantasievoll, sie helfen sich gegenseitig, sie wollen gar nicht mehr aufhören.

Fragt man auf Messen oder im Buchhandel nach Freiarbeitsmaterialien für die über Zehnjährigen, dann werden im besten Fall zwei oder drei Beispiele präsentiert, verbunden mit dem Hinweis, das sei doch wohl eher etwas für die Kleinen.

Wir finden, dass diese beiden Erfahrungen nicht zusammen passen. Wenn Freiarbeit bei den „Kleinen" so fruchtbar ist, sollte ihr Prinzip auch für das weitere Lernen nutzbar gemacht werden. Zudem: Freiarbeit bedarf eines Organisationsrahmens, der den Kindern vertraut gemacht, „trainiert" werden muss – soll solch ein Einübungsprozess, in den die Grundschüler viel Zeit und Energie investiert haben, einfach brach liegen bleiben, nur weil sie nicht mehr „Grundschüler" heißen?

Uns kam es viel vernünftiger vor, die Freiarbeit mit den Kindern heranwachsen und reifen zu lassen.

Dazu gehört freilich eine gewisse Nüchternheit. Der Religionsunterricht ist in den weiterführenden Schulen in der Regel auf den 45-Minuten-Takt festgelegt. Stundentafeln und die Tatsache, dass die Klassen von verschiedenen Fachlehrern unterrichtet werden, machen Stundenzusammenlegungen und Fächertausch vielfach unmöglich. Projekttage und -wochen sind die Ausnahme.

Wir haben uns daher bei unseren Versuchen mit Freiarbeit in der Sekundarstufe I im Wesentlichen auf klassische Dreiviertelstunden konzentriert und erprobt, was in diesem Rahmen möglich ist an Selbstständigkeit, Kreativität und Wahlfreiheit für die Schülerinnen und Schüler.

Herausgekommen sind Elemente aus der Freiarbeit, die ohne viel Aufwand in den „normalen" Unterricht integriert werden können, in der Regel als Alternative zu einer der üblichen Unterrichtsphasen als

– Einstieg in ein neues Thema
– Schritte der Erarbeitung
– Vertiefung oder
– Ergebnissicherung

Unsere Vorschläge beziehen sich auf die prominenten Themen der Rahmenrichtlinien der verschiedenen Bundesländer und helfen bei ihrer schülerorientierten, erfahrungs- und erlebnisorientierten mehrdimensionalen Erschließung.

2. Freiarbeit – Einige Anmerkungen zum Begriff und was wir darunter verstehen

Wenn wir in dieser Arbeitshilfe von Freiarbeit sprechen, meinen wir alle Formen Offenen Unterrichts, der den Schüler*innen* im Rahmen eines möglichst weit gefächerten und herausfordernden Angebots die Wahl lässt im Hinblick auf

– einen besonderen Zugang, Aspekt, Aufgabentyp
– die eigene Arbeitsweise (allein, mit einem Partner oder Team)
– die Zeiteinteilung
– die Integration/Präsentation des Ergebnisses

Wir orientieren uns an Arbeiten von Maria Montessori (1870-1952), Peter Petersen (1881-1952) und Celestin Freinet (1896-1966), die die Rolle des Unterrichtenden wie des Unterrichteten neu definiert und die Grundlagen für die modernen schülerorientierten Fachpädagogiken gelegt haben. Sie trauten den Kindern zu, von sich aus lernen zu *wollen*, und sahen die beste Unterrichtsmethode darin, dieses Wollen durch die Bereitstellung „lernträchtiger Dinge" und „Lerngelegenheiten" (Maria Montessori) zu unterstützen und zu fördern. Dabei hatten sie großen Respekt vor der Persönlichkeit des einzelnen Kindes, das seine je eigenen Zugehensweisen, Fragen und Vorlieben, sein eigenes Lerntempo und seine eigene Aufnahmefähigkeit mitbrachte und dementsprechend individuell gestalten und arbeiten durfte.

In der Praxis des Offenen Unterrichts oder der Freiarbeit wird diese Theorie in der Regel so umgesetzt, dass verschiedene Aufgabentypen (Schreiben, Zeichnen, Formen, Diskutieren, Spielen) auf mehrere „Lernstationen" im Raum verteilt werden und der Lehrer oder die Lehrerin mit den Sch verabredet, innerhalb eines Zeitrahmens eine bestimmte Anzahl von Stationen aufzusuchen, die dort ausgelegten Aufgaben zu sich-

ten, daraus auszuwählen und das Gewählte zu bearbeiten. Man spricht dabei – synonym – von

– Stationenlernen
– Lernzirkeln,
– Übungszirkeln,
– Lernstraßen,
– Lernparcours oder auch
– Zirkeltraining

Wir beziehen darüber hinaus zwei weitere Organisationsformen in unsere Freiarbeitsvorschläge ein; das ist zum einen die

– Recherche: Die Schüler*innen* erhalten den Auftrag, unter einer bestimmten Fragestellung Ergebnisse zu sammeln, Untersuchungen anzustellen, Forschungsmethoden zu erproben; Interview und Internet-Recherche, Besuche von öffentlichen Gebäuden und Institutionen, Exkursionen in den nächsten Wald oder Zoo können hierbei nötig werden –

zum anderen die

– Projektarbeit: Den Sch ist ein Ziel gesetzt; beispielsweise soll ein Schulfest, eine Ausstellung, ein Gottesdienst, eine Spendenaktion entwickelt und gestaltet werden; Ideen werden gesammelt, Arbeitsaufträge erteilt, ein Zeitplan aufgestellt: Das alles kann in Eigenregie der Gruppe geschehen.

Beide Formen kommen auch im „normalen" Unterricht vor, haben jedoch von Haus aus eine gewisse Affinität zur Freiarbeit, da die Schüler*innen* innerhalb der vorgegebenen Aufgabenstellung oder Zielsetzung allerhand Eigeninitiative entwickeln können und sollen.

Um Projekte und Recherchen freiarbeitstauglich zu machen, ist darauf zu achten, dass es genügend Wahlmöglichkeiten gibt, dass also

- die allgemeine Aufgabenstellung offen für möglichst viele Zugänge ist
- das gesetzte Ziel nicht bereits einen bestimmten Weg der Umsetzung vorgibt.

Die in der Grundschule beliebte Wochenplanarbeit wird sich in den meisten Fällen in der Schule nicht durchführen lassen.

3. Freiarbeit – Organisatorisches

Grundschullehrerinnen und -lehrer wissen es längst: Gerade solch Freie oder Offene Arbeit bedarf sorgfältiger Planung und eines funktionierenden Organisationsrahmens.

Wenn jeder macht, was er will, ist das noch lange keine Freiarbeit...

- Freiarbeit braucht Regeln
- Freiarbeit braucht einen Rahmen
- Freiarbeit braucht Material

Die wichtigsten Regeln sind als ▶ **Basiskarte 1** und ▶ **Basiskarte 2** als Arbeitsmaterial für alle Schüler*innen* beigefügt; den meisten Gruppen werden sie von der Grundschule her bekannt sein; es ist aber wichtig, sie auch für die „neue" Schule zu bekräftigen. Schüler*innen,* die noch keine Erfahrungen mit Freiarbeit mitbringen, sollten solche Regeln lieber im Unterrichtsgespräch entwickeln und formulieren, um sie sich wirklich zu Eigen zu machen.

Zwei Prinzipien müssen Geltung haben
- die Achtung vor dem Mitschüler/der Mitschülerin und der Gruppe (Lärm, Wettbewerb, Wertungen vermeiden, konzentrierte Arbeitsatmosphäre herstellen!)
- die Sorgfalt im Umgang mit den Ressourcen (mit Arbeitsblättern, -materialien, Zeit, Raum achtsam umgehen!)

Klassische Freiarbeit besteht aus mindestens drei Binnen-Phasen:
- Auftakt: Einführung in die Thematik im Plenum
- eigentliche Freiarbeit: Materialbeschaffung, Bearbeitung, Dokumentation

- Abschluss: Ergebnissicherung und Präsentation im Plenum

Auch wenn nur Elemente von Freiarbeit in Unterrichtseinheiten eingefügt werden, sind klare Signale wichtig: Als *Auftakt* reichen uns dabei oft das Freiarbeitslied ▶ **Basiskarte 2** sowie die Vorstellung der Materialien und Arbeitsmöglichkeiten; hingegen ist ein ausführlicher *Abschluss* auch für die „kleine Form" unabdingbar. Die Arbeit der Schüler*innen* läuft sonst ins Leere, bleibt ohne Würdigung, könnte im Nachhinein als sinnlos oder gleichgültig empfunden werden.

An die Materialien, die in der Freiarbeit verwendet werden, sind hohe Anforderungen zu stellen: Sie müssen
- ästhetisch gestaltet (Aufgabenkarten, Texte, Arbeitsblätter)
- wiederverwendbar: Karten und Blätter gehören in Klarsichthüllen oder Folien!
- motivierend: Keine „Bleiwüsten", kurze, knappe Formulierungen; Einladungen!
- zugänglich: Keine missverständlichen Anweisungen; Schere, Klebstoff, Lexika usw. müssen vorhanden sein!

Wir empfehlen eine „Freiarbeitskiste", besser noch: ein „Freiarbeitsregal":

Karteikarten, Karton, Schmierpapier
Papier und Stoff aus Musterbüchern
Scheren und Klebestifte
Würfel und Spielfiguren
Bibeln, Fremdwörterbuch, Schülerlexikon, Landkarte
Farbige Stofftücher
Glocke   *(Minimalausstattung)*

4. Freiarbeit – Geeignete Arbeitsformen

Konkret: Wie sehen Aufgaben aus, die die Schüler*innen* zum Wählen, zum eigenverantwortlichen Arbeiten, zur engagierten Auseinandersetzung motivieren? Welche Impulse muss der Lehrende setzen, damit die Schüler*innen* ohne Lehrer lernen?

Im Kernbereich der Freiarbeit, an den Stationen, haben sich Aufgaben der künstlerischen Gestaltung, des Sammelns und Zusammentragens, des Lesen und Betrachtens, des Diskutierens und Nachspielens bewährt. Mit zunehmender Schreibfähigkeit sind auch schriftliche Auseinandersetzungen mit den Themen interessant und herausfordernd.

Wir stellen einige Grundmodelle vor, die sich immer wieder neu inhaltlich füllen und variieren lassen und die unserer Erfahrung nach den Kindern sehr liegen.

Kreatives Schreiben oder Schreibwerkstatt

Schüler schreiben nicht gern? Das kommt darauf an, antworten Lehrerinnen und Lehrer, die mit Offenen Unterrichtsformen umgehen. Da kann es beispielsweise

– Schreib-los-Aufgaben

geben: Das sind Impulstexte, Bilder (Comics, Kunst, Fotos, Kinderzeichnungen), die zum Schreiben auffordern. Die Schüler*innen* werden gebeten, in aller Ruhe „ihre" Schreib-los-Aufgabe auszusuchen, zu bearbeiten, am Ende (freiwillig!) vorzutragen.

Ein zweites Beispiel ist das (fast) selbstständige Verfassen eigener

– Gedichte:

Das „Elfchen" ist einfach und wirkungsvoll: Dabei werden elf Wörter in einer bestimmten Reihenfolge (erste Zeile ein Wort, zweite Zeile zwei Wörter, dritte Zeile drei Wörter, vierte Zeile vier Wörter, letzte Zeile ein Wort, möglicherweise dasselbe wie am Anfang) untereinander geschrieben.

Beispiel	Ich
	und du
	sind ein Team.
	Nicht du und ich –
	Wir!

Aber auch freiere Gedichte sind machbar, wenn die Schüler*innen* die Gelegenheit bekommen, sich kleinschrittig vorzutasten. Bewährt hat sich der Arbeitsbogen, der als ▶ **Basiskarte 3** abgedruckt ist.

Spiele und Spiele-Werkstatt

Es gibt Spiele, die zu Kommunikation und Diskussion anregen, die Forschungsaufträge enthalten oder Rollenspiele initiieren. Diese können alternativ zu den gewohnten Aufgabenkarten Freiarbeitsphasen einleiten, wenn sie genügend verschiedene Zugänge zulassen. Als Beispiele seien genannt

– das Ja-Nein-Spiel   ▶ **Basiskarte 4**
– Lotto   ▶ **Basiskarte 5**
– Domino   ▶ **Basiskarte 6**
– das Wegespiel   ▶ **Basiskarte 7**

Bedeutsamer für die Freiarbeit jedoch ist die Spielewerkstatt: Die Schüler*innen* stellen Spiele (z.B. die genannten) nach einem bekannten Bauplan her und füllen sie mit Aspekten ihres aktuellen Themas. Zum Abschluss kann ihr Neuentwurf dann in der Klasse erprobt werden. Viel Spaß bei wenig Aufwand verspricht dabei auch

– der Buchstabensalat   ▶ **Basiskarte 8**

Dem *Abschluss der Freiarbeitsphase* gilt – wie bereits angedeutet – besondere Aufmerksamkeit. Wie kommen wir vom individuellen, differenzierten Entdecken, Verstehen und Gestalten zurück in die gemeinsame Arbeit, wie teilen wir unsere besonderen Erfahrungen den übrigen mit?

Vorträge und Referate haben sich als ein zumeist mühsamer und wenig erfolgreicher Weg erwiesen. Besser sind *Demonstrationen.* Die große Lösung – Schulfest, Ausstellung – ist dabei oft zu aufwändig, es geht aber auch ein paar Nummern kleiner:

– Lesehefte bewahren das Erarbeitete und halten es zum gelegentlichen Blättern bereit. Dazu überlegen sich je drei bis vier Schüler*innen,* wie man das Gesehene, Gehörte und Gelesene in einem schön gestalteten Heft festhält. Da ist zu gewichten, über die Form nachzudenken (Bericht? Dialog? Erzählung?), eine Perspektive einzunehmen. Einzelne Seiten werden gestaltet (Schönschrift? Computer?) und auf farbige Pappe geklebt. Anschließend wird daraus ein Heft hergestellt, das in der Leseecke, der Schülerbücherei, dem nächsten Basar o.ä. ausgelegt und vorgestellt werden kann.

– Das Portfolio übernehmen wir aus der Fremdsprachendidaktik. Wir veröffentlichen „die eigenen Stärken". „Das Portfolio ist die „kritisch beurteilte, sorgfältig und bewusst ausgewählte (und) selbst beurteilte Dokumentation von Schülerarbeiten" (Johanne Schwarz, Die eigenen Stärken veröffentlichen. Portfolios als Lernstrategie und alternative Leistungsbeurteilung, Jahresheft 2001, Seelze, S. 24-27).

– Die Wandzeitung in der Klasse ist eine weitere wenig aufwändige Möglichkeit der Ergebnispräsentation. Auf einer Pinnwand oder der Rückseite eines Restrolle Struktur tapete arrangieren die Schüler*innen* die Resultate ihrer Recherchen: Fotos, Zeichnungen, Texte, Broschüren. Alle selbst gefertigten Dinge werden mit dem eigenen Namen signiert – ganz professionell.

– Das abschließende Erproben der in der Freiarbeit einwickelten Spiel-Entwürfe haben wir schon bedacht. Es gibt aber auch die Möglichkeit, Spiele ohne Vorbereitung und Material zur Ergebnissicherung einzusetzen. Besonders beliebt sind „Ich sehe was, was du nicht siehst" ▶ **Basiskarte 9** und „Tafelbingo" ▶ **Basiskarte 10.**

Basiskarte 1

Regeln für die Freiarbeit

1. Hole dir nur das Material, mit dem du arbeiten willst.

2. Lege das Material, das du nicht mehr brauchst, wieder zurück.

3. Behandle alles Material pfleglich.

4. Sprich so leise wie möglich, damit du andere nicht störst.

5. Laufe möglichst wenig umher.

6. Du kannst andere um Hilfe bitten, akzeptiere aber auch, wenn sie dir nicht helfen.

7. Nimm für jede Aufgabe ein neues DIN A4-Blatt, trage Datum und Thema ein.

8. Wenn du in der Stunde nicht fertig wirst, arbeite in der nächsten oder zu Hause weiter (Besprich das mit deiner Lehrerin/deinem Lehrer.).

9. Hefte fertige Arbeitsblätter in deiner Mappe ab.

10. Fange erst dann eine neue Aufgabe an, wenn die alte ganz fertig ist.

11. Höre auf die Hinweise deiner Lehrerin/deines Lehrers.

 **Basiskarte 2**

Das Freiarbeitslied

Frei - ar - beit macht gu - te Lau - ne, komm he - rein zu uns und stau - ne.

A - ber oh - ne Re - geln hät - te al - les we - nig Sinn, ich wet - te.

Leu - te, wisst ihr was? Frei - ar - beit macht Spaß!

Aufgaben genau erkennen
und nicht gleich zum Lehrer rennen,
sondern mal den Nachbarn fragen
und es dann gemeinsam wagen.
Leute, wisst ihr was? Freiarbeit macht Spaß!

Aufgaben zu Ende machen,
wenig reden, leise lachen,
damit es nicht alle hören,
denn wir wollen keinen stören.
Leute, wisst ihr was? Freiarbeit macht Spaß!

Nicht so viel umher spazieren,
jede Arbeit kontrollieren,
dann ins Lösungsblatt eintragen.
Wenn's nicht gleich klappt, nicht verzagen!
Leute, wisst ihr was? Freiarbeit macht Spaß!

Und am Schluss nur nicht versäumen,
alles sauber wegzuräumen!
Und spannende Wahlaufgaben
machen die, die Zeit noch haben.
Leute, wisst ihr was? Freiarbeit macht Spaß!

Text: *Wolfgang Pusch*   Musik: *Magdalene Pusch*

Basiskarte 3

Gedicht-Werkstatt

Hier kannst du lernen, wie man ein Gedicht macht. Es ist ganz einfach:

1. Schritt: Lies dir die erste Reihe genau durch: *Heute schreib ich ein Gedicht.*
Zähle nun die Silben: *Heu-te-schreib-ich-ein-Ge-dicht.* Es sind _____ Silben.

2. Schritt: Jetzt bist du dran: Schreibe die zweite Reihe selbst. Sie soll genau so viele Silben haben wie die erste, und sie soll sich reimen, also mit „-icht" aufhören. Hier sind einige Beispielwörter – Gericht, Gesicht, Gewicht, Licht, nicht, Sicht, Unterricht –, aber vielleicht fällt dir noch ein besseres ein.

3. Schritt: Nun kommt die dritte Reihe. Die denkst du dir ganz allein aus. Du nimmst jetzt eine neue Endsilbe, damit ein anderer Reim entstehen kann. Die Silbenzahl soll aber wieder gleich oder nur ein bisschen anders sein als bei den ersten beiden Reihen.

4. Schritt: Bei der vierten Reihe machst du es so wie bei der zweiten. Wenn du das geschafft hast, ist dein Gedicht fertig. Herzlichen Glückwunsch!

_____

_____

_____

_____

Dein nächstes Gedicht schreibst du vielleicht auf ein attraktives Schmuckblatt.

Wolfgang Pusch

Basiskarte 4

Das Ja-Nein-Spiel
für drei bis sechs (max. zwölf) Mitspielende

Spielanweisung

Man braucht   16 Aussagekarten (▶ **Basiskarte 4a**)
                 pro Spieler eine Ja-, eine Nein-, eine Joker-Karte (▶ **Basiskarte 4b**)
                 pro Spieler einen Antwortplan (▶ **siehe unten**)

– Die Aussagekarten werden verdeckt auf dem Tisch ausgelegt.

– Der erste Spieler nimmt eine Karte und liest vor.

– Nun muss er sich entscheiden, ob er dem Satz auf der Karte zustimmt oder nicht.

– Entsprechend legt er verdeckt (!) vor sich seine Ja- oder seine Nein-Karte ab.

– Die Mitspielenden versuchen zu erraten, ob er die Nein- oder die Ja-Karte abgelegt hat.

– Entsprechend ihrer Vermutung legen nun auch sie ihre Ja- oder Nein-Karte ab.

– Wenn alle sich entschieden haben, werden die Karten aufgedeckt.

– Jeder Mitspielende erklärt, wie er zu seiner Entscheidung gekommen ist.

– Wer mit dem befragten Spieler überein stimmt, darf ein Kreuz auf seinem Antwortplan eintragen.

– Reihum liest jeder eine Karte vor, bis keine mehr vorhanden ist.

– Gewonnen hat, wer die meisten Kreuze auf dem Antwortplan hat.

Antwortplan (Kopiervorlage)

Name _____

Punkte _____

Basiskarte 4a

Aussagekarten
(Beispielsätze und Leerkarten zum Kopieren)

Ich bin gern allein.	Ich reise gern.	Ich habe oft schlechte Laune.	Ich hasse die Schule.
Ich habe einen besten Freund.	Ich bin neugierig.	Ich bin schüchtern.	Die meisten Leute finde ich blöd.
Ich bin für Umweltschutz.	Manchmal habe ich Angst vor Morgen.	Ich kann niemandem lange böse sein.	Ich finde, die Politiker sollten nicht so viel reden.

Basiskarte 4b

Ja-, Nein-, Joker-Karten
(Kopiervorlage)

Ja	Ja	Ja	Ja
Nein	Nein	Nein	Nein
Joker	Joker	Joker	Joker
Ja	Ja	Ja	Ja
Nein	Nein	Nein	Nein
Joker	Joker	Joker	Joker

Basiskarte 5

Lotto

Herstellung
- Schwierige Begriffe werden gesammelt und auf einem Raster verteilt (Plan, Tabelle)
- In einen zweiten, identischen Plan werden diesen Begriffen Erklärungen oder Fragen spiegelbildlich zugeordnet.
- Die Rückseite dieses zweiten Plans wird bemalt oder beklebt.
- Anschließend wird der zweite Plan laminiert und an den Linien zerschnitten, so dass sich Kärtchen ergeben.

Durchführung
Das Spiel wird weitergegeben. Eine andere Gruppe/ein Paar muss die Kärtchen auf die passenden Begriffe legen. Wenn sie richtig entscheiden, stellen sie das ursprüngliche Bild wieder her.

Basiskarte 6

Domino

Herstellung
- Auf ein großes Stück Pappe wird ein kurzer Text übertragen: Lexikon-Artikel, Abschnitt aus dem Schulbuch.
- Anfang und Ende des Textes werden verziert.
- Auf die Rückseite der Pappe wird ein Bild gemalt oder geklebt.
- Danach wird der Text zerschnitten. Achtung: Nie an Satzenden oder vor „und"!

Durchführung
Das Spiel wird weitergegeben. Eine andere Gruppe erhält den „Wortsalat" und muss – ohne Vorlage – den Text wieder herstellen.

Basiskarte 7

Das Wegespiel

Durchführung

Das Spiel basiert auf der einfachen Würfelspiel-Idee: Spielfiguren werden gemäß der gewürfelten Schrittgröße von einem Start- zu einem Zielpunkt bewegt. Auf der Strecke finden sich Aufgaben-/Ereignis-Felder, auf denen Strafen oder Belohnungen lauern …

Herstellung

Gruppe 1 entwirft Ereignis- oder Aufgaben-Karten.

Beispiel 1: Die Klasse hat das Leben Martin Luthers behandelt. Daraus werden „Ereignisse" formuliert: „Du wirst von einem Gewitter überrascht. Zweimal aussetzen." Oder: „Du entkommst den Häschern des Kaisers. Drei Schritte vorrücken."

Beispiel 2: Die Klasse hat den Islam durchgenommen. Daraus werden Fragen formuliert: „Wie oft muss der gläubige Muslim täglich beten?" – Richtige Antwort: weiter; falsche Antwort: Einmal aussetzen.

Gruppe 2 entwirft den Spielplan.

Beispiel 1: Auf eine große Pappe oder ein Tuch werden Wege, Schritte und Stationen gezeichnet, die dann mit Spielfiguren abgeschritten werden sollen.

Beispiel 2: Der Klassenraum/Schulhof wird als „Parcour" gestaltet; als „Spielfiguren" fungieren die Spieler selbst.

Basiskarte 8

Buchstabensalat

Beispiel:

G	O	F	A	L	L	A	H	G	A	D	I
A	E	I	K	O	P	F	T	U	C	H	M
B	L	M	E	K	K	A	I	B	A	S	E
R	A	M	A	D	A	N	S	E	Y	U	D
I	U	P	S	G	A	Ü	L	T	O	R	I
E	F	E	U	A	B	Ö	A	N	Z	B	N
L	U	P	R	I	A	B	M	L	K	E	A
G	E	B	E	T	S	K	O	R	A	N	N
S	A	N	O	P	F	E	R	F	E	S	T

– Suche alle Wörter heraus, die mit dem Islam zu tun haben. Schreibe sie auf!
  Füge die Erklärung hinzu. Du darfst in der Lexikonkartei nachschauen.

– Mache selbst einen Buchstabensalat zu eurem aktuellen Unterrichtsthema!
  Du darfst deine Wörter auch diagonal oder von unten nach oben verstecken.

Lösung des Beispiels:

Zwölf Begriffe sind versteckt: Gabriel, Gebet, Ramadan, Allah, Kopftuch, Koran, Sure, Islam, Medina, Kaaba, Mekka, Opferfest.

G	O	F	A	L	L	A	H	G	A	D	I
A	E	I	K	O	P	F	T	U	C	H	M
B	L	M	E	K	K	A	I	B	A	S	E
R	A	M	A	D	A	N	S	E	Y	U	D
I	U	P	S	G	A	Ü	L	T	O	R	I
E	F	E	U	A	B	Ö	A	N	Z	B	N
L	U	P	R	I	A	B	M	L	K	E	A
G	E	B	E	T	S	K	O	R	A	N	N
S	A	N	O	P	F	E	R	F	E	S	T

Basiskarte 9

Ich sehe was, was du nicht siehst

– Ein Schüler schreibt verdeckt einen Begriff auf, den die anderen raten sollen.

– Die anderen tasten sich mit Entscheidungsfragen heran.

– Es gibt keine Antworten außer Ja und Nein.

– Nach einer vorher festgesetzten Anzahl von Neins hat der Herausforderer gewonnen.

Basiskarte 10

Tafel-Bingo

– An der Tafel entsteht ein quadratisches Raster (vier mal vier, fünf mal fünf oder mehr). Es wird mit Begriffen gefüllt, die zum aktuellen Lernthema passen.

– Die Schüler zeichnen das Raster ab, füllen es aber in anderer Reihenfolge.

– Jeweils ein Schüler definiert einen der Begriffe; wer ihn in seinem Raster findet, kreuzt ihn an.

– Wer zuerst alle Felder seines Rasters ankreuzen konnte, ruft „Bingo".

A Zusammenleben als Fremde und Nächste

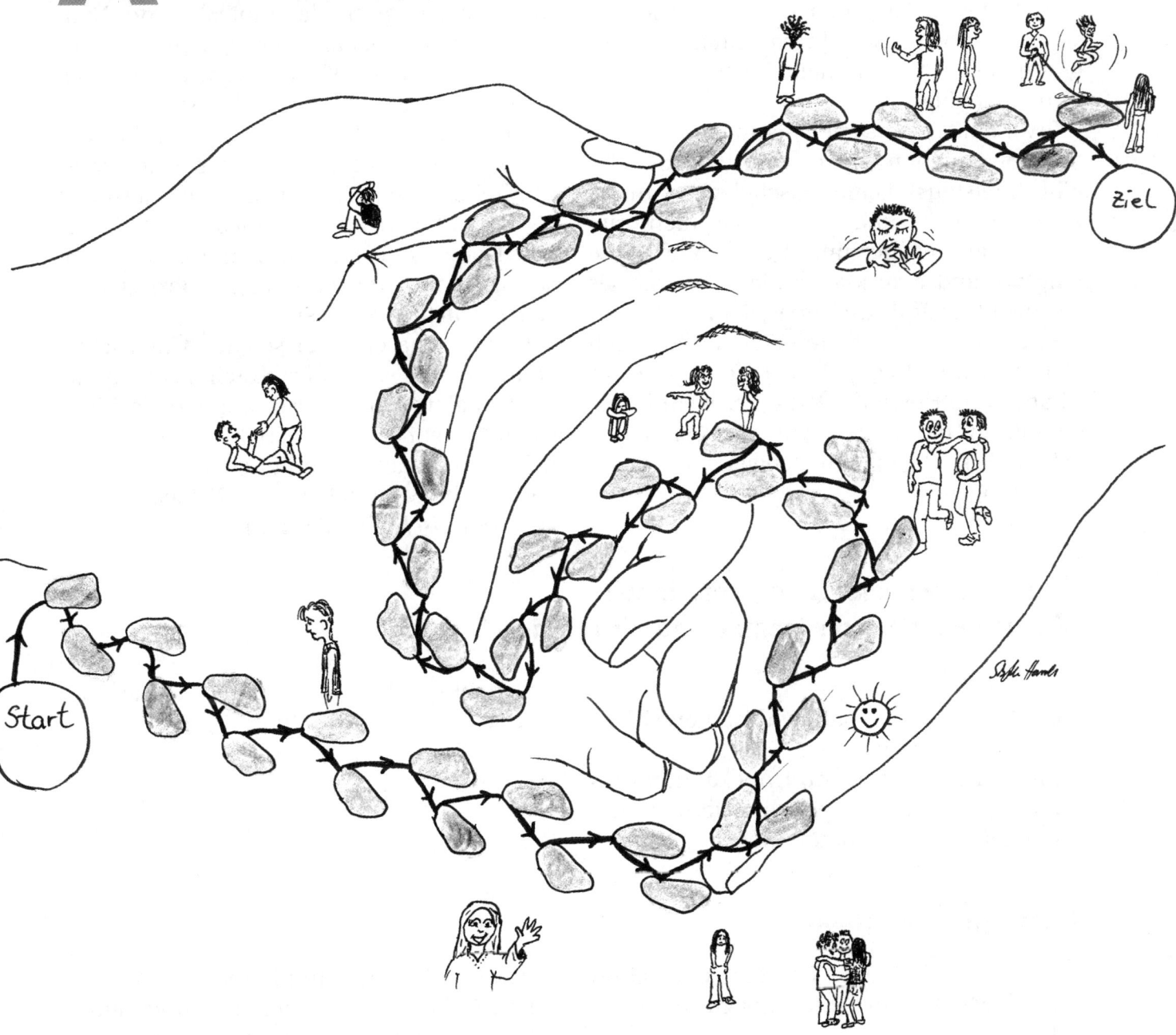

Kennen lernen

Menschen begegnen

Freundschaft –
miteinander und zusammen

1. Thematisches Stichwort

Mit der 5. Klasse fängt für fast alle Sch etwas ganz Neues an: Sie gehen in eine neue Schule, sie werden von Fachlehrern unterrichtet, es gibt neue Fächer und neue Mitschülerinnen und Mitschüler.

Zwar heißt es Abschied nehmen von vielen lieb gewonnenen Dingen und Personen. Es gibt (meistens) keine Kuschelecken mehr, keine Leseecke und keine Klassenlehrerin, die fast alle Fächer unterrichtet. Vier Jahre lang bestand eine Klasse, die sich auch als solche fühlte und zusammenhielt.

Auf der anderen Seiten sehen aber auch viele Sch und Eltern diesen Neubeginn als Chance und Herausforderung. Sch sind stolz darauf, in die weiter führende Schule zu gehen, sie sind gespannt, neugierig und voller Erwartungen.

Das Thema „Zusammenleben als Fremde und Nächste" greift die Ambivalenz des Neubeginns auf. Es ist als Einstieg konzipiert. Es gibt Hilfen zum Kennenlernen und sich Zurechtfinden in der neuen Lerngruppe.

Die meisten Rahmenrichtlinien für das Fach Religion in Klasse 5 sehen Unterrichtseinheiten zum Thema „Kennen lernen"/ „Neuorientieren"/„eine Gemeinschaft bilden" vor. Dabei geht es weithin um den Erwerb sozialer Kompetenzen – ein geradezu „klassischer" Fall für Freiarbeit!

In allen Phasen einer solchen Unterrichtseinheit bieten sich Aufgabestellungen an, die die Sch aktiv werden lassen, ihnen vielfältige eigene Erlebnisse und Erfahrungen ermöglichen. In fast allen Schulbüchern finden sich zusätzliche Materialien (s.a. *Religionsunterricht praktisch 5*, S. 128-142).

2. Intentionen einer Unterrichtseinheit „Zusammenleben als Fremde und als Nächste"

Die Sch sollen
- erfahren, dass es spannend ist, neue Menschen kennen zu lernen
- ihre Angst vor Neuem, Unbekanntem als etwas Natürliches verstehen lernen und merken, dass man damit umgehen kann

- Gemeinschaft und Freundschaft als besonderen Wert begreifen.

3. Literatur zum Thema

Lionni, Leo: Swimmy. Deutsch von James Krüss, Middelhauve Taschenbuch, München 1995

McKee, David: Elmar. Deutsch von Hans Georg Lenzen, Thienemanns Verlag, Stuttgart/Wien 1993

Schiemann, Klaus D.: Was ist nur los in Feuerland? Verlag an der Ruhr, Mülheim an der Ruhr 1993

Steinwede, Dietrich, Hg.: Neues Vorlesebuch Religion 1. Für Kinder von 6-14 Jahren, Verlag Ernst Kaufmann, Lahr 1996

Steinwede, Dietrich und Ingrid Ryssel: Angst und Geborgenheit – erzählen und verstehen. Religion – spielen und erzählen Heft 7, Gütersloher Verlagshaus, Gütersloh 2000

Steinwede, Dietrich und Ingrid Ryssel: Freundschaft spielen und erzählen. Kinder begleiten in Schule, Gemeinde und Familie Heft 2, Gütersloher Verlagshaus, Gütersloh 1996

Wegenast, Philipp und Martin Baltscheit: Lukas haut ab. Eine Bildergeschichte zum Gleichnis vom verlorenen Sohn, Verlag Ernst Kaufmann, Lahr 1997

4. Orientierungsseite

Wo können *welche* Freiarbeitselemente *was* leisten?

Phase	Inhalte	FA-Elemente	FA-Materialien
Einstieg	Einander begegnen, aufeinander achten, einander kennen lernen	**Einander spielend kennen lernen;** Kennlernspiele in Kleingruppen erproben und für das Plenum vorbereiten	M 1a-d Kennlernspiele Dazu M 1e Das Ich-kenne-dich-nicht-Spiel
Erarbeitung	Den Wert von Gemeinschaft erkennen	**Gemeinschaftsgeschichten** in der Kleingruppe/in Partnerarbeit bearbeiten; die Ergebnisse einander vorstellen	M 2 „Swimmy" dazu Aufgaben a-c M 3 „Total uncool" dazu Aufgaben a-d und/oder M 4 Prediger 3: „Was ist besser?" dazu Aufgaben a-e
Vertiefung	Unbekannten begegnen / Vorurteile abbauen / Schranken überwinden	Eine **Geschichte vom Unsinn des Vorurteils** nachvollziehen, deuten, aneignen	M 5 „Großmutter wartet auf Kurt Felix" dazu Aufgaben a-c
Ergebnissicherung	Schritte zur Gemeinschaft in der neuen Klasse	**Gemeinsam singen und spielen** Ein gemeinsames Lied erarbeiten Ein Wegespiel herstellen und spielen	M 6 „Lasst uns miteinander" dazu Aufgaben a-c und/oder M 7 „Wege-Freundschafts-Spiel"

5. Erläuterungen zu den Freiarbeitsvorschlägen

Einander spielend kennen lernen

Für die Spiele **M 1** wird (fast) kein Material benötigt. Sie können natürlich auch im Klassenverband gespielt werden. Dem Freiarbeits-Ansatz entspricht es jedoch, wenn die Sch ihr Spiel frei wählen können. Dazu liegen die Aktionskarten mit den Spielanweisungen kopiert aus (**M 1a, M 1b, M 1c, M 1d, M 1e**).

Spielort ist der große Pausenhof oder, bei schlechtem Wetter, die Klasse mit Nebenräumen, Flur, Pausenhalle. Trainierte Freiarbeiter regeln das untereinander. Untrainierte erhalten vom Unterrichtenden eine Auswahl der Lernorte. Zu diesen müssen sie sich dann aber auch ohne Diskussionen bewegen. Die Stühle müssen in den meisten Fällen mitgenommen werden.

M 1a: Ich male was von mir

Diese Gruppe bleibt am besten in der Klasse. Jeder Sch braucht ein Blatt Größe DIN A4 oder DIN A3, möglichst in Zeichenblockqualität. Sie sollten in der Wahl der Ausführung unbeschränkt sein: Wachsmalstifte, Wasserfarben, Eddings, Fineliner, Collage….

– Jede Sch malt in ihrem Bild etwas, was ihr ganz wichtig ist: ein Haustier, ein Fahrrad, einen Bauernhof oder …
– Diese Bilder werden gemischt und auf den großen Gruppentisch gelegt. Dann gehen alle schweigend herum und wählen sich ein Bild, aber nicht das eigene.
– Das stellen sie dann vor und nennen, wenn sie es wissen, auch schon den Namen. So prägen sich Namen besser ein: Der Sven ist der, der gerne auf einem Bauernhof leben würde.
– In einer weiteren Runde kann jeder selbst etwas zu seinem eigenen Bild sagen.

Die Auswertungsphase ist eine Bilderausstellung im Klassenraum.

Wenn in vielen Gruppen mit Stationenwechsel gearbeitet wird, lassen die Sch ihre Arbeiten auf dem Gruppentisch. In der Schlussphase gehen alle um den Tisch, betrachten, überlegen… (weiter s.o.).

Die folgenden Spiele können erst in kleinen Gruppen ausprobiert werden, dann werden sie vorgestellt und von der ganzen Lerngruppe gespielt. Die Auswertungsphase ist ein Bewertungsphase im Stuhlkreis: „Das Spiel … gefiel mir, weil…" oder „Das gefiel mir nicht, weil…".

M 1b: Zuzwinkern

Die Hälfte der Sch sitzt im Stuhlkreis, die andere Hälfte steht hinter den Stühlen und hält die Hände auf dem Rücken. Ein Stuhl ist frei.

– Ein stehender Sch zwinkert einem Sitzenden unauffällig zu.
– Dieser Sch läuft auf den freien Platz.
– Sein Hintermann versucht, das zu verhindern und hält ihn fest.
– Gelingt es ihm nicht, muss er sich einen anderen Sch heranblinzeln.
– Wenn alle Sch wenigstens einmal ihren Platz gewechselt haben, wird getauscht: Wer vorher gesessen hat, steht dann. Wer gerade keinen Sch bei sich sitzen hatte, darf stehen bleiben.

Bei diesem Spiel können auch schüchterne Sch lernen einen fast fremden Menschen anzugucken, wortlos ihm zu sagen: „Ich möchte dich hier bei mir haben."

M 1c: Namen raten

Alle Sch schreiben ihren Vornamen auf, falten den Zettel und geben ihn der Spielleiterin. Dann setzen sie sich in einen Stuhlkreis. Die Spielleiterin lässt jetzt jeden einen Zettel ziehen. Wer den eigenen gezogen hat, legt ihn zurück und nimmt einen anderen.

Für den Verlauf des Spiels schlüpft jeder Sch in die Rolle dessen, der/die auf dem

gezogenen Zettel steht. Ein Stuhl ist frei.
– Wer rechts von dem leeren Stuhl sitzt, ruft ein Mädchen / einen Jungen zu sich.
Er ahnt natürlich nicht, wer auf den gerufenen Namen reagieren wird.
– Gewonnen haben die Mädchen, wenn drei Mädchen nebeneinander sitzen, die Jungen, wenn drei Jungen nebeneinander sitzen.
– Auswertungsphase: Jeder erzählt, wie er sich in der Rolle des anderen gefühlt hat (z.B. ein Junge, der einen Mädchennamen hatte).

Dann werden die Zettel den wahren Namensinhabern zurückgegeben.

M 1d: Blinde Kuh

Das bekannte Spiel wird insofern variiert, als die Sch neben dem Spielen auch einen Beobachtungsauftrag haben.
– Ein Sch wird zur Blinden Kuh, zwei weitere zu Beobachtern bestimmt; die übrigen verteilen sich im Raum; ein Sch versucht, mit verbundenen Augen einen der anderen zu fangen. Er tastet seinen Kopf ab. Kann er den Namen nennen, ist der gefangene Sch die blinde Kuh. Sonst muss er weiter suchen.

Die Beobachter schildern nach drei Durchgängen, wie die einzelnen „Blinden Kühe" vorgegangen sind (Manche tasten sanft und vorsichtig, andere vielleicht ziemlich grob).
– Anschließend überlegt die Gruppe Regeln für den Umgang miteinander.

M 1c: Das Ich-kenne-dich-nicht-Spiel

Dieses Spiel hat eine Sonderrolle, weil es nicht sofort gespielt werden kann, es verlangt Vorbereitung: Kopieren Sie aus dem Methodenteil
○ die Spielanleitung des Ja-Nein-Spiels (**Basiskarte 3**),

○ so viele Ja-, Nein- und Joker-Kärtchen, dass jedes Kind alle drei Karten hat. Vielleicht laminieren Sie die gleich, weil das Spiel mit anderen Aussagekarten noch oft gespielt wird.
○ Kopieren sollten Sie auch den Antwortplan für jedes Kind.

Die Aussagekarten sollen von den Sch formuliert werden
– als erste Etappe der Freiarbeit
– als Hausaufgabe

Aufgabenstellung:
– Schreibe auf, wer oder was dir gefällt/nicht gefällt!
– Deine Sätze sollen zu denken geben… .

Wenn die Aussagekarten fertig sind, kann das Spiel ausprobiert werden.

Gemeinschaftsgeschichten

Verschiedene Möglichkeiten sollten bedacht werden: Hören die Sch gern zu, wenn ein Geschichte erzählt wird? Lesen sie lieber selbst? Ist es für diese Lerngruppe sinnvoll mehrere Geschichten zu erarbeiten oder lieber nur eine? Sollen noch weitere ausgelegt werden (z.B. David McKee, Elmar, K. Thienemanns Verlag, Stuttgart / Wien 1993)?

M 2: Swimmy

Das kleine Buch von Leo Leonni, Swimmy (deutsch von James Krüss) besticht durch seine gezeichneten und formulierten Bilder. James Krüss ist ein wundervoller Erzähler – und doch möchten wir die L ermutigen zum Anfang der Einheit die Geschichte vom Swimmy selbst zu erzählen.

Hier sind die Stichworte für den Spickzettel:

Schwarm glücklicher roter Fische –
nur einer schwarz: Swimmy.
Thunfisch frisst alle roten Fische – Swimmy
einsam – schwimmt ins Meer.
Trifft Qualle – Hummer mit großen
Scheren – große Fische – Meeresalgen –
Aal – See-Anemonen – alle spannend,
aber keine Freunde für Swimmy.
Plötzlich: Schwarm roter kleiner Fische.
Swimmy: „Kommt mit ins große Meer!
Ich will euch ganz viel zeigen!"
Kleine Fische Angst vor großen Fischen.
Swimmys Idee: Alle Fische bilden einen
großen Fisch, Swimmy ist das Auge –
die großen Fische reißen aus.

Die Sch finden verschiedene Aufgaben an „Stationen", die am besten so eingerichtet sind, dass man dort sofort anfangen kann zu arbeiten.

M 2a: Viele Wunder

Zu den Szenen werden Bilder gemalt. Material: leichte Pappe, Scheren, Stifte. Gedanklicher Hintergrund: Viel Neues – schön und gefährlich. Die „Wunder" können anschließend verschenkt werden.

M 2b: Fische und andere Tiere

Die Sch können ähnliche Geschichten erfinden: vom hässlichen Hühnchen, von der Ente, die den anderen Enten das Leben rettete, weil sie aufpasste, als der Fuchs kam.

M 2c: Swimmy, o Swimmy

Gedichtschreiber verfassen Verse an/für/auf Swimmy.

M 2d: David und Goliat

Swimmy und David haben Gemeinsamkeiten: Beide machen ihr Kleinsein durch Pfiffigkeit und Einsatzfreude/Lebensbejahung wett.

M 3: Total uncool

Ob neben, nach oder statt „Swimmy": Eine Aufbruch-/Heimkomm-Geschichte gibt dem Nachdenken über Gemeinschaft weitere, wichtige Impulse.

Das Gleichnis vom verlorenen Sohn (Lk 15, 11-32) ist wie kaum eine andere Perikope den Sch von der Grundschule her bekannt. Es wird deshalb hier in einer modernen Version erzählt. Der Verfremdungseffekt lässt sie aufmerksamer lesen. Vielleicht fallen ihnen spontan selbst Aufgaben ein!

Ansonsten gibt es die Arbeitsvorschläge auf den Aktionskarten ▶ M 3a-d.

Die Sch können sich leicht in die Situation der Lisa, aber auch der Kusinen hineinversetzen. Bleibt der Kuchen – welche Rolle spielt er?

M 3d bindet die Geschichte zurück an ihre Vorlage; das Verständnis wird gesichert, indem Transfer-Leistungen angeregt/abgefragt werden (Das ist eine geeignete Aufgabe auch für „Einzelkämpfer").

Im Stuhlkreis werden die Ergebnisse von **a** und **d** vorgestellt. Dann rücken alle ihre Stühle so weit es geht nach außen: Vorhang auf, Theater! (**b** und **c**)

M 4: Was ist besser? Oft ist es gut nicht allein zu sein (Prediger 4,8-12)

Die Worte aus dem Prediger-Buch sind Lebensregeln, die Weisheit und Witz verbinden. Die Sch sind oft überrascht, dass sich solche Sprüche in der Bibel finden, und daher recht motiviert, sich damit zu beschäftigen.

Freiarbeit: Jeder Sch wählt eine Info- und eine Aktionskarte, sucht sich einen Partner und legt los.
Alternativ: Die Sprüche werden einzeln auf Pappe gezogen und laminiert, ebenfalls die Arbeitsaufträge. Jeder Sch zieht verdeckt von beiden Stapeln je eine Karte…

M 4a: Ohne Worte

An diese Aufgabe schließt sich als Auswertung ganz selbstverständlich das Vorspielen und Raten im Plenum an.

M 4b: Wenn ich „der Prediger" wäre

Durch das Weiterdichten erschließen die Sch den Gehalt der Sprüche, durch die Erzeugung eines Gegensatzes setzen sie sich kreativ mit dem Wahrheitsgehalt der Regeln auseinander.

M 4c: Worte mit Zahlen

Die Wort-Übung macht aufmerksam auf den Gehalt von Worten, die man oft „nur so" dahinsagt.

M 4d: Krach mit meinem besten Freund

Hier wird das Thema Zusammenleben auf witzige Art kreativ weiter entwickelt und in den eigenen Erfahrungsbereich eingeordnet.

M 4e: Schmuckblatt

Die Gestaltungsaufgabe schafft die Möglichkeit, sich allein und eher meditativ mit dem Bibeltext auseinander zu setzen.

Geschichten vom Unsinn des Vorurteils

Die Angst vor dem Unbekannten ist ein menschlicher Grundinstinkt, alle haben diese Angst. Das ist auch gut so. Für Kleinkinder ist das „Fremdeln" eine wichtige Entwicklungsstufe; aber auch später gilt: Nicht alles, was neu ist, sollte man ungeprüft akzeptieren. Vorurteile hingegen können das Zusammenleben erschweren oder sogar unmöglich machen. Wie Menschen entdecken, dass ihr Vorurteil falsch war, zeigen Erzählungen.

M 5: Großmutter wartet auf Kurt Felix

Die hier erzählte Geschichte soll sich wirklich so zugetragen haben. Das spricht dafür, dass die Lehrkraft den Text zur Einstimmung wortgetreu selbst vorliest. Kurze Pausen sollten so gewählt werden, dass sie die Spannung erhalten und doch Verständnisschwierigkeiten geklärt werden können.

Entscheidend ist, dass die Sch das Konzept der Sendung „Versteckte Kamera" kennen und den Namen des Moderators Kurt Felix mit der „Versteckten Kamera" in Verbindung bringen. Eventuell muss das Vorverständnis geklärt werden. Dann werden **M 5a** bis **M 5d** an Stationen bearbeitet; die Aufgaben **M 5a** bis **M 5c** gehen in dieselbe Richtung, daher reicht es, dass die Sch nur jeweils eine der Aufgaben bearbeiten. **M 5d** wird spannender, wenn mehrere Gruppen alternativ antreten und zum Schluss ihre Ergebnisse vorstellen.

M 5a: Doof – lieb – doof

M 5b: Letzte Woche bei *McDonalds*

M 5c: Cartoon

M 5d: Neuer Schluss

Eine andere Geschichte über die angeblich gefährlichen, schmutzigen usw. Ausländer heißt: **Tante Wilma und die Türken** von Gudrun Pausewang, Neues Vorlesebuch Religion 1, S. 100-102. Auch Tante Wilma lernt, dass nicht alle Ausländer „so" sind. Diese Geschichte enthält ebenfalls viel didaktisches Potenzial: Erzählt wird von anderen Personen, Orten, Zusammenhängen und doch spürt jeder: „Das hätte mir auch so passieren können." Und so kann man geschützt über Vorurteile reden, persönlich und doch ohne sich selbst bloßzustellen.

Im Plenum können die wichtigsten Gruppenergebnisse vorgestellt werden.

Gemeinsam singen und spielen

Für die Auswertungsphase werden Elemente vorgeschlagen, die lediglich Züge von Freiarbeit aufweisen; es liegt im Ermessen der L, wie viel Selbstorganisation sie den Sch in dieser Phase überlassen. Beispielsweise hat es sich bewährt, die Sch zwischen Singen/Tanzen und Wegespiel-Vorbereitung wählen zu lassen; während eine Gruppe mit der Lehrkraft die Musik-Vorführung **M 6** vorbereitet, entwickeln die Nicht-Sänger in Paar- oder Gruppenarbeit das Wege-Spiel **M 7** (mit **Basiskarte 6**).

M 6: Lasst uns miteinander

Die ersten beiden Reihen singen alle Sch schnell mit, vor allem, wenn der L sie auf der Gitarre begleitet. Vielleicht kann aber auch ein Sch die Melodie auf der Blockflöte spielen?

M 6a: Gemeinsam

Wir singen alle zusammen. Dazu gehen wir im Kreis, fassen uns an den Händen, gehen nach innen, nach außen …

M 6b: Miteinander

Wir haben Vorsänger. Alle singen: Lasst uns miteinander (zwei Mal), dann singt der Vorsänger allein z.B. „singen, springen, danken…". Das neue Wort müssen alle darstellen (z.B. springen). Wer nicht mitmacht, ist der nächste Vorsänger. (Weitere Aktivitäten fallen den Sch schnell ein: krabbeln – laufen – trinken …)

M 6c: Alle zusammen

Wir singen im Kanon. Wenn es nicht gleich klappt, kann man versuchen jede Gruppe nur eine Zeile singen zu lassen, immer wieder die gleiche. Ganz schön schwer, etwas zusammen zu tun…

M 7: Das Wege-Freundschaftsspiel

Was müssen gute Freundinnen oder Freunde tun oder lassen? Was tun schlechte? Die Sch sammeln auf vorgegebenem Raster (**M 7a**) oder auf kleine Karteikarten viele Aussagen und überlegen gleichzeitig die Belohnung oder die Strafe.

Eine andere Gruppe entwirft den Wegeplan (**M 7b**) mit Start und Ziel, vielen Ereignisfeldern und einem Parkplatz für die abgelegten und die noch nicht benutzten Aufgabenkarten.

Würfelspiele erfreuen sich in dieser Altersstufe großer Beliebtheit. Sie werden sogar als gerecht empfunden, Niederlagen werden akzeptiert, Gewinne gefeiert. Spielregeln werden innerhalb der Gruppe gefunden und weiterhin eingehalten (z.B. ob jemand „rausgeschmissen" wird oder nicht, wenn er auf das gleiche Feld kommt).

Aktionskarte:
Ich male was von mir

M1a

- Male etwas, das dir wichtig ist (dein Zuhause, Fahrrad, Kuscheltier)!
- Alle legen ihre Bilder auf einen Haufen.
- Jede/r wählt ein Bild aus (nicht das eigene!).
- Jede/r stellt das fremde Bild vor und rät den Künstler.
- Jede/r nimmt sein eigenes Bild und erklärt es.

Aktionskarte:
Zuzwinkern

M1b

- Die Hälfte von euch sitzt auf Stühlen im Kreis.
- Ein Stuhl bleibt frei.
- Hinter jedem Stuhl steht ein Partner. Er hat die Hände auf dem Rücken.
- Der mit dem leeren Stuhl zwinkert einem der Sitzenden zu.
- Der Angezwinkerte versucht, seinen Platz zu wechseln,
  aber sein Partner versucht das zu verhindern.

Aktionskarte:
Namen raten

M1c

- Schreibt eure Namen auf Zettel und sammelt sie.
- Zieht den Namen eines anderen.
- Setzt euch in einen Stuhlkreis; ein Stuhl bleibt frei.
- Wer rechts von sich den freien Stuhl hat, ruft eine/n andere/n herbei.
- Der Gerufene kommt.
- Wenn drei Mädchen nebeneinander sitzen, haben die Mädchen gewonnen;
  bei drei Jungen die Jungen.

Aktionskarte:
Blinde Kuh

M1d

- Eine/r ist die blinde Kuh (Augen verbinden!).
- Zwei sind Beobachter.
- Der Rest läuft in der Nähe der „Kuh" umher.
- Wen die „Blinde Kuh" berührt, der bleibt stehen und wird abgetastet.
- Wenn die Kuh ihn errät, ist er die nächste „Blinde Kuh".
- Nach drei Durchgängen tragen die Beobachter vor, was ihnen aufgefallen ist.
- Die Gruppe entwickelt daraus Spielregeln.

Aktionskarte:
Das Ich-kenne-dich-nicht-Spiel   M 1e

– Nimm dir eine Basis-Karte „Ja-Nein-Spiel".
– Nimm je eine Ja-, Nein-, Joker-Karte und einen Antwortplan.
– Nehmt euch leere Aufgabenkarten und überlegt euch zu zweit/dritt kurze Aussagesätze;
  die schreibt ihr auf die Aufgabenkarten: Ich mag… / Ich mag nicht…

Ich mag Comics.	Ich hasse Pfannkuchen.	Streitereien mag ich nicht, egal wer Recht hat.	Wochenenden sind doof.

– Fertig? Einigt euch, welche Kärtchen mitspielen dürfen.
– Sortiert zum Schluss die Kärtchen aus, die euch am meisten Spaß gemacht haben oder
  über die ihr lange gesprochen habt. Die werden zur Belohnung laminiert.

Infokarte:
Swimmy

Irgendwo in einer Ecke des Meeres lebte einmal ein Schwarm kleiner, aber glücklicher Fische. Sie waren alle rot. Nur einer von ihnen war schwarz. Schwarz wie die Schale der Miesmuschel. Aber nicht nur in der Farbe unterschied er sich von seinen Schwestern und Brüdern: Er schwamm auch schneller. Sein Name war Swimmy.

Eines schlimmen Tages kam ein Thunfisch in diese Ecke des Meeres gebraust, ein schneller, grimmiger, überaus hungriger Bursche. Der verschlang alle kleinen roten Fische mit einem einzigen Maulaufreißen. Nur ein Fisch entkam ihm. Das war Swimmy. Erschrocken, traurig und einsam wedelte der kleine Swimmy hinaus ins große, große Meer.

Nun ist das Meer aber voller wunderbarer Geschöpfe, die Swimmy in seiner Meeresecke nie gesehen hatte. Als der große Ozean ihm Wunder um Wunder vorführte, wurde er bald wieder so munter wie ein Fisch im Wasser. (Und ein Fisch im Wasser war er ja, wenn auch nur ein kleiner.) …
Dann jedoch glaubte Swimmy seinen Augen nicht zu trauen: Er sah einen Schwarm kleiner, roter Fische. Hätte er nicht gewusst, dass sein eigener Schwarm verschlungen und verschwunden war: Er hätte die Fische für seine Schwestern und Brüder gehalten. „Kommt mit ins große Meer!" rief er ihnen munter zu. „Ich will euch viele Wunder zeigen!" „Geht nicht", antworteten die kleinen, roten Fische ängstlich. „Dort würden uns die großen Fische fressen! Wir müssen uns im sicheren Felsenschatten halten."

Die Antwort der kleinen, roten Fische machte Swimmy nachdenklich. Er fand es traurig, dass der Schwarm sich nie hinaus ins offene Meer trauen durfte. „Da muss man sich etwas ausdenken!" dachte er. Und er dachte nach. Er überlegte und überlegte und überlegte. Und endlich hatte er einen Einfall. „Ich hab's!" rief er fröhlich. „Lasst uns etwas ausprobieren!" Da Swimmy den kleinen, roten Fischen gefiel, befolgten sie seine Anweisungen: Sie bildeten einen Schwarm in einer ganz bestimmten Form. Jedes Fischchen bekam darin seinen Platz zugewiesen.

Als der Schwarm diese bestimmte Form angenommen hatte, da war aus vielen kleinen, roten Fischen ein großer Fisch geworden, ein Fisch aus Fischen, ein Riesenfisch. Es fehlte dem Fisch nur noch das Auge. Also sagte Swimmy: "Ich spiele das Auge!" Dann schwamm er als kleines, schwarzes Auge im Schwarm mit.

Jetzt traute der Schwarm sich endlich hinaus ins offene Meer, hinaus in die große Welt der Wunder. Niemand wagte mehr, sie zu belästigen. Im Gegenteil: Selbst die größten Fische nahmen Reißaus. Und so schwimmen viele kleine, rote Fische, getarnt als Riesenfisch, immer noch glücklich durch das Meer, und Swimmy fühlt sich in seiner Rolle als wachsames Auge sehr, sehr wohl.

Aus: Leo Lionni, Swimmy. Deutsch von James Krüss, © Middelhauve Verlags GmbH, München

Aktionskarte:
Entdecke die Wunder des Meeres   M 2a

– Nimm dir eine Infokarte **M2**!
– Lies den Text „Swimmy"!
– In der Mitte fehlt ein Stück; da sind im Buch die „Wunder des Meeres" beschrieben. Kannst du sie dir vorstellen?
– Zeichne eines der „Wunder" auf leichte Pappe (etwa so groß wie deine Hand)!
– Male es an und schneide es aus. Male die Rückseite auch an!
– Befestige einen Faden so an deinem Meeres-Lebewesen, dass es „schwimmt"!
– Schenke es einem Kind aus deiner Gruppe, das du noch nicht so gut kennst.
– Lass dir etwas von ihm erzählen. Sage ihm, was du gern tust!
– Ihr könnt eure „Wunder" zum Schluss an ein Mobile hängen oder als Lesezeichen benutzen.

Aktionskarte:
Fische und andere Tiere   M 2b

– Nehmt eine Info-Karte **M2** und schaut sie euch genau an!
– Findet für die sechs Teile Überschriften!
– Überlegt euch eine ebenso sechsteilige Geschichte mit anderen Tieren!
– Schreibt sie auf oder zeichnet sie als Cartoon!

Aktionskarte:
Swimmy, mein Swimmy!   M 2c

– Nehmt euch eine Info-Karte **M2** „Swimmy".
– Besorgt euch eine **Basis-Karte 3** „Gedichte schreiben".
– Entwerft Gedichte, in denen ihr Swimmy ansprecht, fragt, warnt oder lobt.

Aktionskarte:
David und Goliat   M 2d

– Besorgt euch die Zusatzkarte „David und Goliat"!
– Betrachtet das Bild „David und Goliat": Stellt es nach!
– Lest euch die Geschichte abwechselnd vor.
– Macht eine Liste: Warum hilft David den Israeliten? Warum traut er sich?
– Einer von euch ist David: Sagt ihm, was er antworten soll …

Zusatzkarte:
David und Goliat

M 2d

David und Goliat

Reinhard Herrmann in: Elementarbibel 3, © Verlag Ernst Kaufmann, Lahr 1998

Die Geschichte von David und Goliath, in Reime gebracht von M. Claudius

War einst ein Riese Goliath,
gar ein gefährlich Mann!
Er hatte Tressen auf dem Hut
mit einem Klunker dran
und eine Eisenstange schwer -
Wer zählt die Dinge alle her?

An seinen Schnurbart sah man nur
mit Gräsen und mit Graus,
und dabei sah er von Natur
pur wie die Bosheit aus!
Sein Spieß, der war, man glaubt es kaum,
so groß schier wie ein Ladebaum!

Er hatte Knochen wie ein Gaul
und eine freche Stirn
und ein entsetzlich großes Maul
und nur ein kleines Hirn;
gab jedem einen Rippenstoß
und flunkerte und prahlte groß.

So kam er alle Tage her
und sprach Israel Hohn.
„Wer ist der Mann? Wer wagt's mit mir?
Sei Vater oder Sohn,
er komme her, der Lumpenhund,
ich box'n nieder auf den Grund!"

Da kam in seinem Schäferrock
ein Jüngling zart und fein;
er hatte nichts als seinen Stock,
als Schleuder und den Stein
und sprach: „Du hast viel Stolz und Wehr,
ich komm im Namen Gottes her."

Und damit schleudert' er auf ihn
und traf die Stirne gar;
da fiel der große Esel hin,
so lang und dick er war.
Und David haut' in guter Ruh'
ihm auch den Kopf noch ab dazu.

Infokarte:
Total uncool   M3

Lisa war zwölf, als es anfing. Sie fühlte sich einfach nicht mehr wohl in ihrer Haut. Alles, was sie liebte, kam ihr auf einmal öde vor. Uncool, wie ihre Freundin Theresa gern sagte. Schule, Hausaufgaben, die Klamotten vom vergangenen Sommer, das Handballtraining. Alles immer der gleiche Brei, sagte Lisa genervt. Und dann lag sie auf ihrem Bett, hörte Musik, starrte an die Decke und machte – eigentlich gar nichts. „Häng nicht so rum! Geh doch mal an die Luft! Unternimm was…" Auch Mamas Bemerkungen nervten. Was wusste schon Mama! Dann die Sache mit den doofen Beeren. Lisa war sich sicher: Das machte sie nicht mehr mit. Nie mehr. Sie war einfach rausgewachsen.

Oma und Opa hatten ein großes altes Haus und einen riesigen Garten. Sechs Kinder hatten sie da groß gezogen, und so hatte Lisa Kusins und Kusinen in jedem Alter und jeder Ausführung. Und da sie eine *richtig gute Großfamilie waren, in der alle zusammenhielten* (sagte Papa), gab es jede Menge Familientraditionen. Zum Beispiel kamen in den Sommerferien alle Kusinen und Kusins für drei Tage bei Oma und Opa zusammen und machten sich an die Obsternte. „Alle machen da mit", erzählte Mama gern. „Aber wirklich *alle*. Das war schon immer so." Klar, es brachte auch eine Menge Spaß, denn Oma machte allerhand Aufhebens davon. Da wurde gesungen, erzählt und gespielt, abends saß man am Lagerfeuer zusammen und wartete, bis Sternschnuppen fielen, und gestand einander, was man sich am meisten wünschte. Das Beste aber war das gemeinsame Backen am letzten Tag, wenn die Beeren alle abgeerntet waren. Nach Omas Spezialrezept backten sie kleine runde Kuchen, kaum größer als eine Kinderhand, und die schmeckten dann nach allem, was sie an jenen Tagen gemeinsam erlebt hatten. Lisa konnte nie anderen Beerenkuchen essen. Der selbstgemachte nach Omas Rezept war einzigartig.

Okay, gut und schön – aber auch das Beerenernten gehörte eindeutig zu den alten, uncoolen Dingen, und Lisa war entschlossen, sich nicht mehr dazu herzugeben. Also blieb sie zu Hause. Mama fuhr – unter Protest und mahnenden Anmerkungen – los, um die Geschwister bei Oma und Opa abzuladen. Aber Lisa blieb auf ihrem Bett. Endlich sind sie weg, dachte sie. Drei Tage ohne Geschwister! Das ist eindeutig cool!

Cool war es am ersten Tag. Da lag sie auf dem Bett, hörte Musik und genoss es, nichts zu tun. Ein bisschen fad wurde es am zweiten – da wollte sie zum Sport, konnte sich aber doch nicht aufraffen und hörte stattdessen Musik und lag auf dem Bett. Am dritten Tag wachte sie auf und hatte den Geschmack von Beerenkuchen auf der Zunge. Sie wurde ihn einfach nicht los. Sie aß ihre Lieblingsschokolade, aber da wurde es noch schlimmer. Als der Nachmittag kam, hielt sie es nicht mehr aus. „Meinst du, sie bringen mir einen Kuchen mit?", fragte sie Mama kläglich. Mama schaute sie überrascht an. „Den musst du dir schon abholen", meinte sie. „Komm mit, wenn ich Tom und Anne abhole."

Später stand Lisa in Omas Küche vor einem Teller mit Kuchen. Sie fühlte sich unheimlich verlegen. Oma hatte sie einfach umarmt und gar nichts gefragt. Aber den Kusins und Kusinen, denen hatte sie ansehen können, was sie dachten: *Drückt sich vor der Arbeit. Aber zum Futtern kommt sie. Unmöglich, so was!* … „Lasst sie doch", sagte Omas lachendes Gesicht. „Es ist einfach schön, sie zu sehen!" Lisa biss in den ersten kleinen runden Kuchen und kaute mit geschlossenen Augen. Total uncool. Aber ein irre gutes Gefühl.

Aktionskarte:
Uncool
M 3a

– Nehmt euch die Info-Karte und lest euch die Geschichte durch!
– Macht eine Probe: Eine von euch ist Lisa und erzählt von der Sache mit den Beeren!
– Jetzt das Ganze ohne Worte: Ihr seid Regisseure und habt einen einzigen Schauspieler (Lisa), der nicht sprechen kann. Zeigt ihm/ihr, wie sie durch ihre Haltung die Geschichte nacherzählen kann!

Aktionskarte:
Der Geschmack von Beerenkuchen
M 3b

– Nehmt euch die Info-Karte und lest euch die Geschichte durch!
– Zeichnet den Beerenkuchen auf ein Plakat und erfindet einen Werbetext: Wonach schmeckt dieser Kuchen?
– Deckt den Kuchen mit einem Stück Papier so ab, dass der Rest des Plakats noch zu sehen ist. Malt auf das Papier Lisas Großeltern, Kusins und Kusinen bei der Ernte/ am Lagerfeuer. Prüft: Passt der Text noch? Was müsste man ändern?
– Bereitet eine Vorher-Nachher-Präsentation für die Klasse vor!

Aktionskarte:
Unmöglich, so was!
M 3c

– Nehmt euch die Info-Karte und lest euch die Geschichte durch!
– Die Kusins/Kusinen sind sauer, weil Lisa essen will, ohne gearbeitet zu haben. Stellt euch vor, sie sagen der Großmutter: Entweder Lisa kriegt keinen Kuchen – oder wir kommen auch nicht mehr zum Helfen! Spielt die Diskussion, die sich ergibt!
– Überlegt genau: Was sagt die Großmutter? Lisa?

Aktionskarte:
Was Lisas Oma mit Gott zu tun hat
M 3d

– Nimm dir die Info-Karte und lies dir die Geschichte durch!
– Nimm dir eine Bibel und lies „Das Gleichnis vom Verlorenen Sohn" (Lk 15,11-32)!
– Entwickle eine Tabelle, in der du gegenüberstellst: Lisa, die Großeltern, die Kusins/Kusinen; der jüngere Sohn aus dem Gleichnis, sein Vater, sein Bruder …

Infokarte:
Was ist besser?   M4

Prediger 4, 8-12

8 Da ist einer, der steht allein und hat weder Kind noch Bruder,
   doch ist seiner Mühe kein Ende, und seine Augen können nicht genug Reichtum sehen.
   Für wen mühe ich mich denn und gönne mir selber nichts Gutes?...

9 So ist's besser zu zweien als allein; denn sie haben guten Lohn für ihre Mühe.

10 Fällt einer von ihnen, so hilft ihm sein Gesell auf. Weh dem, der allein ist, wenn er fällt!
   Dann ist keiner da, der ihm aufhilft.

11 Auch, wenn zwei beieinander liegen, wärmen sie sich; wie kann ein einzelner warm
   werden?

12 Einer mag überwältigt werden, aber zwei können widerstehen, und eine dreifache Schnur
   reißt nicht leicht entzwei.

Aktionskarte:
Ohne Worte   M4a

- Lest die Sprüche auf der Info-Karte.
- Sucht euch einen Spruch aus und erarbeitet dazu eine Pantomime.
- Später könnt ihr sie vor der ganzen Klasse aufführen und erraten lassen.

Aktionskarte:
Wenn ich „der Prediger" wäre   M4b

- Lies die Sprüche auf der Info-Karte!
- Dichte weitere Sprüche: Wann ist es noch von Vorteil, zu zweit zu sein?
  Tipp: Vielleicht hast du bessere Ideen, wenn du dir einen Partner suchst?
- Erfinde ein Gegenbeispiel: Wann bist du doch lieber allein?

Aktionskarte:
Worte mit Zahlen   M 4c

– Schau dir die Info-Karte an! Die Zahlen „eins" und „zwei" spielen eine wichtige Rolle;
  sie stecken auch in Wörtern, in denen du sie kaum vermutest:
  z.B. einer in keiner! zwei in entzwei.
– Suche solche Worte im Text – und in deinem eigenen Wortschatz!
– Mache eine Liste: links das Wort, rechts – was es bedeutet.
– Kannst du ein kleines Worträtsel daraus basteln? (z.B. einen „Kamm"?)

Aktionskarte:
Krach mit meinem besten Freund   M 4d

– Auf der Info-Karte könnt ihr lesen, wie gut es ist, einen Freund zu haben.
– Macht ein Schreibspiel zum Thema „Krach mit meinem besten Freund":
  Einer fängt an und schreibt auf ein großes Papier die ersten drei Worte. Der rechte Nach-
  bar fügt drei Worte hinzu usw., bis eine lustige Geschichte zustande gekommen ist.
  Gelingt euch eine Versöhnung?

Aktionskarte:
Schmuckblatt   M 4e

– Schreibe den Text Prediger 3,8-12 auf ein von dir entworfenes Schmuckblatt.
– Wem schenkst du dein Werk?

Infokarte:
Der Suppenteller   M 5

Die Großmutter hatte ihre Wocheneinkäufe im Supermarkt erledigt und schickte sich an wie üblich im Selbstbedienungsrestaurant ein kleines Mittagsmahl einzunehmen. Mit Glück ergatterte sie im vorweihnachtlichen Gedränge ein freies Tischchen, an dem sie ihre Handtasche und Tüten abstellte.

Die Großmutter geht ans Buffet, und kehrt von dort mit einer Suppe und Würstchen an ihren Tisch zurück. Sie stellt fest, dass sie das Besteck vergessen hat und geht nochmals zum Buffet, wo Gabeln, Löffel und Messer zu Hunderten bereit liegen. Als sie zum zweiten Mal zu ihrem Platz zurückkommt, sieht sie zu ihrem Schrecken einen Schwarzen an ihrem Tisch sitzen, der in aller Zufriedenheit ihre Suppe löffelt.

Ehe die Großmutter Zeit hat, sich zu ärgern, schießt ihr ein Gedanke durch den Kopf: *Nur nicht aus der Rolle fallen, da muss Kurt Felix mit seiner versteckten Kamera am Werk sein!* Geistesgegenwärtig fasst sie ihren Löffel ein wenig fester, geht auf den Tisch zu, nimmt neben dem Schwarzen Platz und beginnt, mit diesem zusammen die Suppe und die Würstchen zu verzehren. Der Tischgenosse, weder erstaunt noch verlegen, lächelt der Großmutter zu und schiebt ihr den Teller näher. Die Großmutter lächelt den Schwarzen an, und ohne ein Wort zu wechseln, verspeisen die beiden Suppe und Würstchen. Sie lächeln sich mehrmals zu und an, stumm, und als das gemeinsame Mahl beendet ist, erhebt sich der Schwarze, geht zum Buffet und kommt mit zwei Tassen Kaffee zurück. Wieder lächeln sie sich an, als der Mann den einen Kaffee vor die Großmutter stellt, und schweigend genießen sie das dampfende Getränk. Dann erhebt er sich und verabschiedet sich mit einem Lächeln.

Die Großmutter, die ihre „Rolle" bisher souverän gespielt hat, erwartet nach dem Verschwinden des Schwarzen Kurt Felix, der ihr die Lösung des Rätsels, das ja für die Großmutter gar keines ist, bringen soll. Kurt Felix erscheint jedoch nicht, und nach längerem Ausharren greift die Großmutter nach ihrer Handtasche. Welch ein Schreck, als die Frau feststellen muss, dass sowohl ihre Handtasche als auch ihre Einkäufe verschwunden sind!

Schlagartig ändert sich ihre Laune, und aus dem netten Mann wird mit einem Mal ein verdammter Ausländer. Entrüstet schaut die Geprellte umher. Sie will sich schon erheben, um verschiedene Maßnahmen zu ergreifen, als ihr Blick an einem Tischchen weiter drüben haften bleibt: dort steht ihre Handtasche, daneben die Tragetaschen, in denen ihre Einkäufe sind. Und auf dem Tischchen wartet ein Teller, dessen Inhalt sie nur erraten kann…

Nach einem Zeitungsartikel (Tages-Anzeiger, 30.12.1985) nacherzählt von P. Bischof in:
Schweizer Ev. Missionsrat (Hg.), Exit, Exil, Asyl, Basel 1986.

Aktionskarte:
Doof – lieb – doof!

M 5a

– Lest die Infokarte abschnittweise im Wechsel.
– Macht beim Lesen mit eurer Stimme die Stimmung deutlich,
  in der die Großmutter sich befindet.
– Spielt die Handlung ohne Worte!
– Setzt eine letzte Szene hinzu: Was macht Großmutter nach diesem Erlebnis?

Aktionskarte:
Letzte Woche bei McDonalds…

M 5b

– Die Geschichte auf der Info-Karte „lebt" von Fehlschlüssen:
  a) Die Großmutter denkt, der Schwarze sitzt an ihrem Tisch.
  b) Die Großmutter denkt, …
– Führe die Liste fort! „Baue" jetzt aus ähnlichen Fehlschlüssen eine andere,
  ähnliche Geschichte (Vielleicht ersetzt du die Großmutter durch ein Kind, das Restaurant
  durch McDonalds usw.)
– Was ändert sich für dich?

Aktionskarte:
Cartoon

M 5c

– Überlegt euch beim Lesen der Infokarte, wie viele verschiedene „Szenen"
  die Geschichte hat! Ebenso viele Bilder braucht ihr, wenn ihr sie als Comic
  aufmalen wollt.
– Ihr könnt zusammen malen – oder jeder eines der Bilder.
– Malt groß und deutlich: Auf den Gesichtsausdruck kommt es an!

Aktionskarte:
Neuer Schluss

M 5d

– Lest die Infokarte bis: „der in aller Zufriedenheit ihre Suppe löffelt"…
– Diskutiert: Was macht die Großmutter jetzt? Spielt auch die Möglichkeit durch, dass die
  Großmutter keine Ahnung von Kurt Felix hat!
– Wie geht die Geschichte weiter?
– Wie geht die Geschichte aus?
  Ihr könnt eure Version spielen, malen oder schreiben.

Infokarte:
„Lasst uns miteinander..."

Laßt uns mit-ein-an - der, laßt uns mit-ein -

an - der sin-gen, lo-ben, dan-ken dem Herrn.

Laßt uns das ge - mein - sam tun:

sin - gen, lo - ben, dan-ken dem Herrn,

sin - gen, lo - ben, dan-ken dem Herrn,

sin - gen, lo - ben, dan-ken dem Herrn,

sin - gen, lo - ben, dan-ken dem Herrn.

Noten und Text (EG 563 Regionalteil Niedersachsen/Bremen)

Aktionskarte:
Ereignisse und „Strafen"   M7a

– Holt euch die *Basiskarte 6* mit der Beschreibung des Wegespiels.
– Überlegt, wie gute Freunde miteinander umgehen – und wie nicht!
– Macht aus euren Überlegungen kurze Sätze und schreibt sie auf Ereigniskarten!
– Setzt passende Belohnungen oder Strafen hinzu.
  Die Beispiele sollen euch inspirieren…

Beispiele:

Paul hat Mist gebaut. Max wird beschuldigt. Paul ist erleichtert und schweigt. *Drei Felder zurück!*	Paula traut sich nicht allein zu der Party. Anne hat eigentlich keine Lust; aber dann geht sie mit. *Drei Felder vor!*	Paul und Max kloppen sich. Max weint. Da haut Paul ihn noch härter. *Zwei Runden aussetzen!*	Anne ist krank. Paula fährt jeden Tag eine halbe Stunde Bus, um sie zu besuchen. *Dreimal würfeln.*

Aktionskarte:
Der Wegeplan   M7b

– Jetzt braucht ihr einen Wegeplan.
– Dazu könnt ihr das Titelblatt dieses Kapitels auf DIN A3 vergrößern und weiter zeichnen.
– Oder ihr malt einen eigenen…

Achtung: Ihr braucht natürlich Spielfiguren und Würfel!

B Gottes Auftrag: Bewahre die Schöpfung

Schöpfung erleben

Psalm 104

Am Anfang schuf Gott ...

... Und was tun *wir?*

1. Thematisches Stichwort

Das Thema Schöpfung ist ein selbstverständlicher Inhalt der gängigen Religionsbücher des 5./6. Schuljahrs (siehe auch ▶ *Religionsunterricht praktisch 5*, S. 7-24). Über Verstehensweisen, Aspekte und Perspektiven der Welt als Schöpfung und des Menschen als Geschöpf ist zu sprechen und nachzudenken. Dazu gibt es viele interessante Zugänge und Materialangebote.

Oft jedoch geht es um das Woher und Wohin der Schöpfung, bevor die Sch tatsächlich auf Begegnungen und Erfahrungen mit Schöpfung zurückgreifen können; oft geht es um die Verantwortung des Menschen für die Schöpfung, bevor der Wert der Schöpfung und die Rolle des Menschen in der Schöpfung erlebt worden sind.

Hier bieten sich Ausflüge in die Freiarbeit als einer besonders intensiven und ganzheitlichen Form der Begegnung und Auseinandersetzung an.

Da die Schöpfung so lange ein Objekt bleibt, wie wir uns als Menschen über und nicht in der Schöpfung positionieren, wird in den folgenden Freiarbeitselementen besonderer Wert darauf gelegt, das Miteinander, die Mit-Geschöpflichkeit des Menschen und seine Mittlerrolle zwischen Schöpfer und Schöpfung zu veranschaulichen. Die Sch. sollen Schöpfung als eine Gabe und eine Aufgabe verstehen, der sie nicht unbeteiligt gegenüberstehen, sondern die zu wahren, zu hegen und zu pflegen sie fähig, berufen und herausgefordert sind.

2. Intentionen einer Unterrichtseinheit „Gottes Auftrag: Bewahre die Schöpfung"

Die Sch sollen
- sensibel werden für die unterschiedlichsten Wege, Schöpfung wahrzunehmen, zu genießen und zu bewahren
- entdecken, was es bedeutet, die Umwelt als *Schöpfung* – und nicht als Materie, Material, Ressource o. Ä.– zu begreifen und anzusehen
- Handlungsmöglichkeiten entdecken, um der Schöpfung mit Ehrfurcht zu begegnen, sie sorgsam zu behandeln und eine Teilverantwortung zu übernehmen.

3. Literatur zum Thema

Abenteuer Kunst: Franz Marc. Tiere unterm Regenbogen, Prestel Verlag München, 1997

Ardey, Karin, u.a.: Religion – einmal anders, Schöningh Verlag Paderborn 1989, Kap.: „...und Gott sah, dass es gut war"

Bisset, Esther / Palmer, Martin: Die Regenbogenschlange. Geschichten vom Anfang der Welt und von der Kostbarkeit der Erde, Bern 1990

Kirchhoff, Ilka: Schöpfung. Material für Freiarbeit und Formen Offenen Unterrichts. Arbeitshilfen OS 4. Religionspädagogisches Institut Loccum, Loccum 1996

Reents, Christine: Urgeschichte, in: Elementare Bibeltexte. Exegetisch – systematisch – didaktisch, Hg. Rainer Lachmann u.a., Vandenhoeck & Ruprecht 2001, S. 27-38

Ritter, Werner H.: Schöpfung / Leben, in: Theologische Schlüsselbegriffe. Biblisch – systematisch – didaktisch, Hg. Rainer Lachmann u.a., Vandenhoeck & Ruprecht Göttingen 1999, S. 320-336

Lieder:
Eine Handvoll Erde, Refrain des Liedes „Mit der Erde kannst du spielen", Text Reinhard Bäcker, Melodie Detlev Jöcker, abgedruckt in: Heut' ist der Tag, an dem ich singen kann, Menschen Kinder Verlag Münster

Er hält die ganze Welt, Verfasser unbekannt, abgedruckt in: Das Kindergesangbuch, Andreas Ebert (Hg.), Claudius Verlag München 1998, S. 250. (Englische Version: Cochlovius (Hg.), Krelingen, sein Ruhm – unsere Freude [4]1984)

4. Orientierungsseite

Wo können *welche* Freiarbeitselemente *was* leisten?

Phase	Inhalte	FA-Elemente	FA-Materialien
Einstieg „Schöpfung"	**Mit vielen Sinnen die Umwelt erleben**	Rallye zur Wahrnehmungsschulung	M 1 Aktionskarten a-f
Einstieg „Verantwortung für die Schöpfung"	**Die Umwelt als *schutzbedürftig* erkennen**	Vergegenwärtigungsübungen „Vorher" – „Nachher"	M 2 Arbeitskarten a-c (Bilderbuch, Collage, Leporello)
Erarbeitung 1	**Über den Ursprung nachdenken**	Texte „entlarven" (Expertengruppen)	M 3 Infokarten Aktionskarten a-d
Erarbeitung 2	**Die Umwelt als *verdankt* erkennen**	Stationenarbeit zu Psalm 104	M 4 Infokarte Aktionskarten a-d und e (Guckkasten)
Anwendung	**Bewahre die Schöpfung – sich von Gottes Auftrag ansprechen lassen**	Projektarbeit	M 5 Aktionskarten a-d
Vertiefung	**Eigene Visionen entwickeln**	Einzeln, mit Partner oder selbst gewählten Gruppen Visionen gestalten	M 6 Aktionskarten a-c

5. Erläuterungen zu den Freiarbeitsvorschlägen

Mit vielen Sinnen die Umwelt erleben

Die Sch bilden Gruppen (fünf/sechs Sch pro Gruppe), die gegeneinander zur Rallye antreten. Jede Gruppe nimmt mit:

Stifte/Papier/Klebstoff
kleine Tütchen oder Schachteln zur Sammlung von Bodenproben
Kassettenrekorder zum Aufnehmen
einen Satz ▶ **Aktionskarten M1a-f**

und geht damit über das Schulgelände. Die Aufgaben gehen von halbwegs verträglichen Wetterbedingungen aus (nicht zu zimperlich sein!); bei Kälte können die Schreib-/Gestaltungsaufgaben natürlich drinnen vorgenommen werden; bei Extrembedingungen sollte man doch lieber ganz verzichten …

Durch die verschiedenen Arbeitsaufträge und individuellen Eindrücke sollen die Sch für ihre Umwelt sensibilisiert werden: Zwar ist ihnen das Umfeld Schule alltäglich und bekannt, aber über manche Dinge kann man erst staunen, wenn man sie richtig wahrnimmt!

Die Ergebnisse können später im Sitzkreis vorgestellt und verarbeitet werden.

Die Umwelt als schutzbedürftig erkennen

Das Thema Umweltschutz bedarf eines emotionalen Einstiegs; hier eignen sich „Vorher-Nachher"-Kontraste. L stellt Landschaftsdias oder atmosphärische Bilder von Impressionisten wie Claude Monet vor; Fantasiereisen entführen in eine ideale Umwelt, die als richtig und gut erlebt wird.

Für die Sch-Arbeiten müssen zur Verfügung stehen:

Bilder, Fotos der heilen/der kaputten Umwelt (▶ **M2 Aktionskarte a**); können als „Dauerauftrag" von den Sch im Vorfeld gesammelt werden

Klemmordner (DIN A5) für **M2a**; alternativ: Ordner mit Klarsichthüllen (DIN A4)

Ausreichend viele vergrößerte Kopien der Titelblatt-Zeichnungen (▶ **M2 Aktionskarte b**)

Zeichenpapier (mind. DIN A3), Tuschkasten, Klebstoff, große Bögen dünne Pappe (▶ **M2 Aktionskarte c**).

Über den Ursprung nachdenken

Die Einstiegselemente haben Aufmerksamkeit erzeugt – für die Vielfalt und für die Bedrohung der Umwelt. Damit ist noch nichts über ihren Ursprung gesagt – die Frage aber drängt sich auf. Die vorgeschlagenen Materialien (▶ **M3 Infokarten**) und Aufgaben (▶ **M3 Aktionskarten**) geben den Sch die Möglichkeit, Schöpfungsgeschichten zu „testen" – auf ihr Gottes-, Welt- und Menschenbild hin. Sie lernen die Umwelt als Beziehungsnetz kennen, in das auch sie eingespannt sind – im Gegenüber zum Schöpfer.

Die Texte auf den Infokarten (▶ **M3 Infokarten a-d**) sind bewusst nicht mit Quellen versehen, um die Sch nicht zu beeinflussen. Stattdessen dienen die Stichworte (Geschenk, Dienst, Pflege, Herrschaft) der Orientierung und Verständigung. Text a stammt aus Zaire und gehört zum Überlieferungsgut des dortigen Pygmäenvolks (zitiert aus: G. Koretzki/R.Tammeus (Hg), Religion entdecken, verstehen, gestalten 7/8, Göttingen 2001, S. 174); Text b erzählt einen Ausschnitt aus dem babylonischen Enuma Elisch (zitiert aus: B. Besser-Scholz u.a. (Hg), Lebens-Zeichen 5/6, Göttingen 1997, S. 24). Die Texte c und d sind Auszüge aus den biblischen Schöpfungsgeschichten (Gen 2,7.15 bzw Gen 1, 26-28).

Zur Bearbeitung der ▶ **M 3 Aktionskarten** benötigen die Sch vorbereitete/bereit stehende Materialien:

> Eine OH-Folie pro Gruppe, auf die in der Mitte eine Schema-Figur „Mensch" gezeichnet ist
>
> Atlanten, Erdkundebücher, Lexika zum Stichwort „Pygmäen" (Gruppe 1)
>
> Sachbücher zum Alten Orient zum Stichwort „Babylon"/„Enuma Elisch" (Gruppe 2)
>
> Bibel-Lexikon o.Ä. zur Orientierung über die Schöpfungsgeschichten (bes. Gruppe 4)
>
> Die Zusatzkarte 1 (Kopien der einzelnen Elemente, vergrößert) für die Gruppe 3
>
> Zusatzkarten 2 und 3 (je eine Kopie: **2= farbig und 3=weiß!**) für Gruppe 4

Bitte das Info-Material nach didaktischen Gesichtspunkten auswählen; gut geeignet sind speziell für Kinder und Jugendliche geschriebene Sachbücher.

Nach der Gruppenarbeit hängt hier viel von der Auswertung ab: Die Ergebnisse sollen nicht nur vorgestellt werden, sondern miteinander ins Gespräch kommen. Ein Hilfsmittel hierzu ist die Folie, die jede Gruppe nach gleichen Vorgaben und mit gleicher Aufgabenstellung gestaltet hat. Hier lässt sich leicht vergleichen (nebeneinander oder gar aufeinander legen!). Es ist auch – gruppenweise – zu fragen:
- Was gefällt dir an deiner Schöpfungsgeschichte am besten?
- Was missfällt dir an deiner Schöpfungsgeschichte?

Am Ende soll in jedem Fall überlegt werden:
- Warum gibt es so viele verschiedene Schöpfungsgeschichten?
- Warum stehen gleich zwei (und dazu verschiedene) Schöpfungsgeschichten in der Bibel?

Gott für die Natur danken

Der Text „Lob an den Schöpfer" (▶ **M 4 Infokarte**) soll den Sch verdeutlichen, dass Gott uns eine Welt gegeben hat, die wunderschön ist, deren Zusammenhänge und Gleichgewichte faszinieren, und dass wir ihm deshalb danken. Er versorgt Menschen und Tiere durch die Natur.

Die Aktionskarten (▶ **M 4a–d**) können als Wahlangebote eingesetzt werden.

Außerdem können die Sch sich in Kleingruppen oder Einzelarbeit mit den im Text fett unterstrichenen Elementen (Himmel, Wasser, Erde, Feuer) gestalterisch auseinander setzen, indem sie zu einem dieser Elemente einen Guckkasten (▶ **M 4e**) bauen.

Dazu ist ein Angebot an Bastelmaterialien vorzubereiten:

> Kartons (möglichst mit Deckel), Materialien zu den Elementen, z.B. Watte, Steine, Stöcke, Muscheln, Glasscherben, Sand, Knetgummi, Bonbonpapier, Transparent-/Glanz-/Krepppapier ...

Die Kartons werden thematisch (nach einem Element) ausgestaltet. Es können Szenen nachgebaut werden, Landschaften entstehen, Eindrücke und Wahrnehmungen deutlich gemacht werden (z.B. „Himmel": alles was leicht wirkt, Watte, hellblau, Restfolien von Bonbons, Glitzermaterialien, ...), so dass die Atmosphäre des Elementes deutlich wird. Zum Schluss wird mit einem Cuttermesser ein kleiner Sehschlitz in die Frontseite geschnitten. Besonders toll wirken diese Kästen, wenn man kleine Löcher in den Deckel schneidet, um besondere Dinge im Kasten zu beleuchten. Dazu kann man die Löcher am besten mit farblich passendem Transparentpapier bekleben, so dass z.B. „Feuer" stellenweise rote Spots erhält.

„Bewahre die Schöpfung" – sich von Gottes Auftrag ansprechen lassen

Die Aktionskarten ▶ **M 5a-d** sind Projektvorschläge, die naturgemäß den Stundenplanunterricht sprengen. Wenn keine Projektwoche ansteht oder die Sch zu einem Sondereinsatz (etwa am Nachmittag) zu motivieren sind, bieten sich kleinere Lösungen an, die ebenfalls in den Projektvorschlägen mit drinstecken: So lassen sich Planungen durchführen, bzw. kann der Recherche mehr Gewicht gegeben werden. Benötigte Materialien etc. sind den Aktionskarten zu entnehmen.

Eigene Visionen entwickeln

Die Aktionskarten ▶ **M 6a-c** geben so wenig wie möglich vor; es ist wichtig, dass die Sch in dieser Phase so viel Zeit, Ruhe und Freiheit wie möglich finden. Die Ergebnisse sollten am Ende beachtet, nicht aber bewertet werden: Zeit für die Aufführungen einplanen, Stellwände als „Kulisse" und für die bildlichen Darstellungen beschaffen!

Für M 6a / evtl. M 6c ist je ein Kassettenrekorder mit Leerkassette bereit zu stellen; außerdem sollte die Infokarte M 6 für M 6b kopiert werden, möglicherweise auch die „Wand" von / für M 6b.

Aktionskarte:
Erde erleben   M 1a

- Geht nach draußen und spürt verschiedene Erdsorten auf!
- Sammelt Proben! (Wie viel Tütchen/Döschen braucht ihr wohl?)
- Erstellt „Steckbriefe" verschiedener Erdsorten!

Aktionskarte:
Hören / Fühlen / Riechen   M 1b

- Geht nach draußen und legt euch auf den Boden! Schließt die Augen! Ihr könnt jetzt auch ganz leise Geräusche hören. Ihr spürt Sonne, Schatten, Wind, Regen, Kälte...
- Tauscht euch nach einer Stillephase über eure Eindrücke aus!
- Lasst dabei einen Rekorder laufen oder bereitet in einem zweiten Durchgang eine kurze Reportage vor!

Aktionskarte:
Lebewesen aufstöbern   M 1c

- Geht auf die Pirsch! Wenn ihr auch das Kleine achtet, findet ihr bestimmt Leben – auch auf dem so tot wirkenden Schulhof.
- Skizziert, was ihr entdeckt!

Aktionskarte:
Wasser erleben   M 1d

- Geht nach draußen und erlebt Wasser (Regen, Pfützen, Tautropfen,...)!
- Stellt euch vor, was euch so ein Tropfen zu erzählen hat – oder was ein frischer Regentropfen berichtet, wenn er in eine schmutzige Pfütze fällt...
- Verfasst eine kurze Geschichten, einen Dialog oder einen Comic!

Aktionskarte:
Ich sehe was ...

M 1e

– Geht nach draußen und betrachtet einen Gegenstand/ein Lebewesen/
eine Naturerscheinung eurer Wahl! Schreibt ein Rätsel für eure Klasse,
indem ihr in kleinen Häppchen Hinweise auf eure Beobachtung gebt
(Farbe, Form, Bewegungen,…)! Verratet aber nicht zu viel!

Was ist das?

Es ist

Es hat

Es macht

Es riecht

Es schmeckt

Es klingt

Lösung

Aktionskarte:
Unliebsame Hinterlassenschaften

M 1f

– Jetzt kommt der Müllbeutel zum Einsatz.
  Geht nach draußen und sammelt möglichst vielfältigen Abfall vom Boden auf!
– Notiert die Stoffe, die ihr sammelt, in einer Liste (Statistik)!
– Aus den originellsten Stücken (nicht klebrig, dreckig, vergammelt) könnt ihr
  einen Ausstellungsgegenstand/ein Ausstellungsarrangement für die Präsentation
  entwickeln…

Aktionskarte:
Das So-oder-so-Bilderbuch

M 2a

- Suche dir aus der Sammlung von Bildern heiler und unheiler Umwelt je ein Bild aus: Beide sollen aussagekräftig sein, einander deutlich widersprechen, gewissermaßen die eine und die andere Seite ein und desselben sein ...
- Gestalte auf einem DIN A4-Blatt zwei Hälften ("so" oder "so"): Verwende dazu die ausgewählten Bilder, arrangiere, markiere, kommentiere sie nach deiner Wahl.
- Zum Schluss können alle Blätter in einem Klemmordner so zusammengefügt werden, dass sie ein Bilderbuch von Doppelseiten ergeben.

Aktionskarte:
Das So-oder-so-Poster

M 2b

- Wähle eines der kopierten Motive (Deckblatt der Einheit): Klebe es in die Mitte eines großen Blattes Papier und "arbeite" damit:
- Du kannst das Motiv spiegeln, variieren, mit Gegenbildern, Kommentaren oder Slogans versehen.
- Es soll ein Poster entstehen, dass ein Beispiel für den Umgang des Menschen mit seiner Umwelt entfaltet (So! oder: So nicht!).

Aktionskarte:
Das So-oder-so-Leporello

M 2c

- Nehmt euch zu zweit einen Bogen DIN A 2-Papier und tuscht darauf zweimal das gleiche Landschaftsmotiv: links – gesunde Umwelt; rechts – verschmutzte Umwelt!
- Beide Bilder werden nun in vier gleich große Streifen geschnitten und abwechselnd auf eine festere Unterlage geklebt (Pappe).
- Das Ganze knickt ihr, wie hier skizziert:

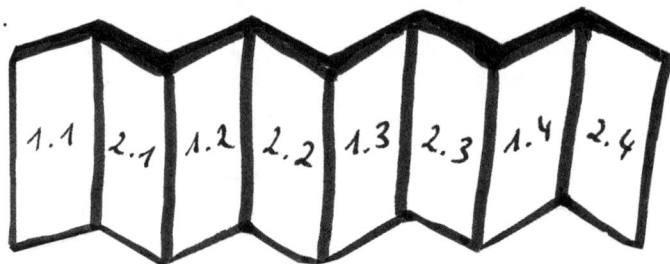

Die Vorderseite zeigt euch nun die heile, die Rückseite die zerstörte Umwelt.

Infokarte:
Welt und Mensch – Woher? Wozu?

M 3

Verschiedene Antworten

a. „Geschenk"

Kmvum hat die Bäume des Waldes geschaffen, die Früchte, die Tiere und die Fische. Über alles ist er der Herr. Er hat alles, alles, alles gemacht. Und wie er aufgehört hat, alles zu machen, sagte er zu unseren Vätern, den Ersten: „Nehmet, das gehört euch, ich gebe es euch, es ist für euch."

b. „Dienst"

Der junge Gott Marduk hat die Urgöttin Tiamat besiegt und aus ihrem Leichnam Himmel und Erde, Gestirne, Jahreszeiten und Wetter geschaffen. Später wird erzählt, dass Marduk ein großes Werk schaffen will; diesen Plan teilt er seinem Vater Marduk mit:
Ein Gewebe von Blut will ich machen, Gebein will ich bilden, um ein Wesen entstehen zu lassen: Mensch sei sein Name. Erschaffen will ich ein Wesen, den Menschen. Ihm auferlegt sei der Dienst der Götter, zu ihrer Erleichterung.

c. „Pflege"

Es war zu der Zeit, da Gott der Herr Himmel und Erde machte. Und alle die Sträucher auf dem Felde waren noch nicht auf Erden und all das Kraut auf dem Felde war noch nicht gewachsen, denn Gott der Herr hatte noch nicht regnen lassen auf Erden, und kein Mensch war da, der das Land bebaute; aber ein Nebel stieg auf von der Erde und feuchtete alles Land. Da machte Gott der Herr den Menschen aus Erde und blies ihm den Odem des Lebens in die Nase. Und so ward der Mensch ein lebendiges Wesen.
Und Gott der Herr pflanzte einen Garten in Eden … [und] nahm den Menschen und setzte ihn in den Garten, dass er ihn bebaute und bewahrte …

d. „Herrschaft"

Und Gott sprach: Lasset uns Menschen machen, ein Bild, das uns gleich sei, die da herrschen über die Fische im Meer und über die Vögel unter dem Himmel und über das Vieh und über alle Tiere des Feldes und über alles Gewürm, das auf Erden kriecht.
Und Gott schuf den Menschen …

Aktionskarte:
„Geschenk"

M 3a

– Informiert euch über Pygmäen (Internet, Lexika) und ihr Weltbild!
  ○ Wie sieht die Umwelt aus, in der sie leben?
  ○ Wovon leben sie (gemäß ihrer traditionellen Lebensweise)?
  ○ Was mag ihnen förderlich, was bedrohlich erscheinen?
– Findet eine Darstellungsform, um ohne Worte anschaulich zu machen, wie Gott, Mensch, Umwelt für die Pygmäen aufeinander bezogen sind.
– Zeichnet nun auf die Folie:
  Welche Stichworte oder Symbole umgeben den Menschen?

Abb. H. Schlottau, in: C. Burbach/H. Schlottau,
Abenteuer Fairness, Göttingen 2001

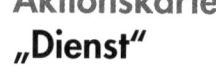

Aktionskarte:
„Dienst"

M 3b

– Informiert euch über die „Alten Babylonier" und ihr Weltbild!
  ○ Wie sah die Umwelt aus, in der sie lebten?
  ○ Welche Götter kannten sie und wie verehrten sie sie?
  ○ Wovon lebten sie?
  ○ Was hofften sie?
– Findet eine Darstellungsform, um ohne Worte anschaulich zu machen, wie Gott, Mensch und Umwelt für die Babylonier aufeinander bezogen waren.
– Zeichnet nun auf die Folie: Welche Stichworte oder Symbole umgeben den Menschen?

Abb. H. Schlottau, in: C. Burbach/H. Schlottau,
Abenteuer Fairness, Göttingen 2001

Aktionskarte: „Pflege"

M 3c

– Lest die zweite biblische Schöpfungsgeschichte (Gen 2, 4-15) ganz.
  Macht eine Tabelle: Was war da? Was machte Gott?
– Mit welcher Naturerscheinung ist die Entstehung
  des ersten Lebens zu vergleichen?
– Gestaltet einen „Garten Eden"! Ihr könnt dazu die Elemente
  des Bildes „Paradies" von Franz Marc und August Macke
  (▶ **Zusatzkarte 1**) verwenden, zusammenpuzzeln, ausmalen,
  erweitern …
– Was bedeutet es, wenn Gott den Menschen in diesen Garten
  „setzt, damit er ihn bebaue und bewahre"? Was hofft Gott?
  Was gewinnt der Mensch?
– Zeichnet nun auf die Folie:
  Welche Stichworte oder Symbole umgeben den Menschen?

Abb. H. Schlottau, in: C. Burbach/H. Schlottau,
Abenteuer Fairness, Göttingen 2001

Aktionskarte: „Herrschaft"

M 3d

– Lest die erste biblische Schöpfungsgeschichte (Gen 1 bis 2,4) ganz!
– Erstellt aus den ▶ **Zusatzkarten 2 und 3** ein Memory-Spiel zur Sieben-Tage-Schöpfung und
  spielt es so oft, bis ihr euch auskennt!

Dazu müsst ihr Frage- und Antwortkärtchen ausschneiden und umgedreht auf den Gruppentisch legen. Im
Uhrzeigersinn darf jeder zwei Kärtchen umdrehen – eine farbige Fragekarte und eine weiße Antwort-
karte. Wenn's passt, darf der Spieler das Paar behalten und weiterspielen. Wenn's nicht passt, wird
wieder umgedreht, und der Nächste ist dran. Gewonnen hat, wer die meisten Paare hat.
Tipp: Spielt die erste Runde „offen" und diskutiert, ob die Karten so wirklich passen!

– Klärt nun den Hintergrund:
  ○ Wann ist der Text vermutlich entstanden?
  ○ Wie waren die Lebensverhältnisse?
  ○ Was bedeutet „Priesterschrift"?
  ○ Was gab es vor/nach der Schöpfung?
  ○ Gebt eine „Grundstruktur" jedes Schöpfungstags an
    (Gott sprach/Gott sah/Gott …)!
– Zeichnet auf die Folie: Welche Stichworte oder Symbole umgeben
  den Menschen?

Abb. H. Schlottau, in: C. Burbach/H. Schlottau, Abenteuer Fairness, Göttingen 2001

Zusatzkarte 1:
Garten Eden

M3

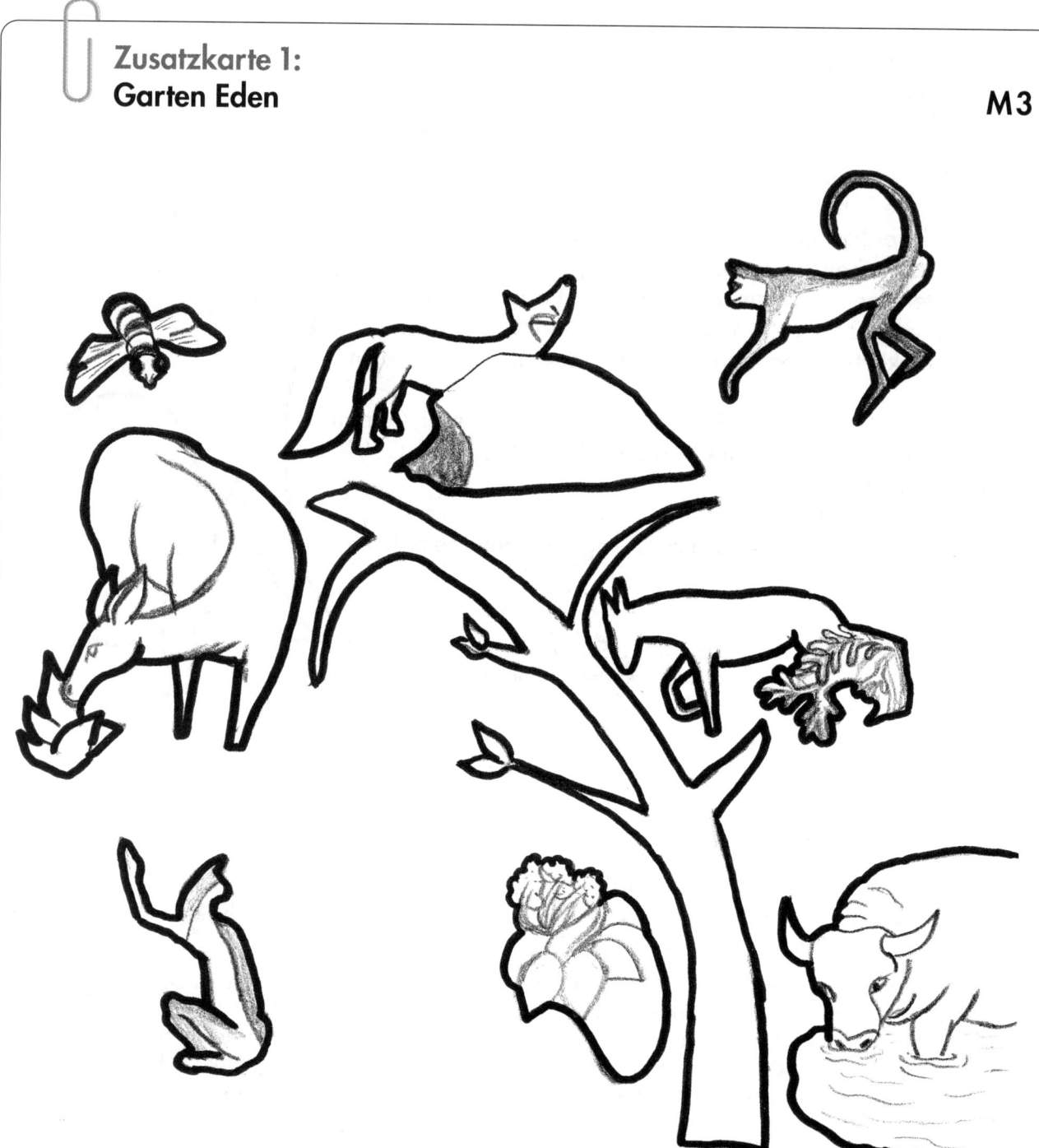

Nach: Abenteuer Kunst: Franz Marc. Tiere unterm Regenbogen, Prestel Verlag, München 1997

Zusatzkarte 2:
Fragen zum priesterschriftlichen Schöpfungsbericht   M3

Wie lange hat Gott gebraucht, um die Welt zu erschaffen?	Welche Aufgabe bekommt der Mensch von Gott?	Was hat Gott als Erstes erschaffen?	Welche Bedeutung hat der siebte Schöpfungstag?
Warum ist die Reihenfolge der Schöpfungstage wichtig?	Was bedeutet Gottes Auftrag „Macht euch die Erde untertan" nicht?	Was denkt Gott über seine Schöpfung?	Wo in der Bibel steht die Schöpfungs-geschichte?
Welcher Zustand herrschte am Anfang, bevor Gott etwas tat?	Welche Werkzeuge hat Gott für die Schöpfung benutzt?	Welche Tiere schuf Gott zuerst?	Wie sah der erste Mensch aus?
Was ist der Auftrag Gottes für den Menschen und was meint er damit?	Gott schuf Licht und Finsternis. Welche Namen gab er ihnen?	Ehe Gott die Welt schuf, schwebte etwas über den Wassern. Was war das?	Es war finster. Wie kam das Licht?
Wie war die Erde anfangs?	Weshalb sollte sich das Wasser am Himmel sammeln?	Wie nannte Gott das Trockene?	Was schuf Gott am dritten Tag – außer Meer und Erde?

(Achtung: bitte auf farbiges Papier kopieren!)

Zusatzkarte 3:
Antworten zum priesterschriftlichen Schöpfungsbericht   M3

Er ist der heilige Ruhetag.	Himmel und Erde	„Mache dir die Erde untertan."	Sechs Tage
Am Anfang (Genesis, 1. Mose)	Dass sie gut war	Die Zerstörung der Natur	Weil die Lebewesen sonst keine Lebensgrundlage hätten.
Wie ein Abbild Gottes	Fische, Meerestiere und Vögel	Er benutzte keine Werkzeuge.	Chaos
Gott sprach: „Es werde Licht!"	Der Geist Gottes	Tag und Nacht	Er soll die Schöpfung nutzen, aber auch bewahren und beschützen.
Gras, Kräuter und Fruchtbäume	Damit man das Trockene sehen konnte.	Erde	Wüst und öde

Infokarte:
Lob des Schöpfers

M4

Lobe den Herrn, meine Seele!
Du bist, Herr, wie das Licht.
Du hast das Erdreich gegründet
auf festen Grund,
dass es fest steht auf immer und ewig.
Du lässt Wasser in den Tälern quellen,
dass sie zwischen den Bergen
dahin fließen
und alle Tiere des Feldes trinken.
An den Ufern sitzen die Vögel
und singen in den Zweigen.
Vom Himmel schickst du Regen
herab auf die Berge.
Du sorgst dafür, dass die Erde
sich satt trinkt
und machst das Land voll von Früchten.
Du lässt das Gras wachsen
und Saat, den Menschen zur Speise.
Du bringst Brot aus der Erde und Wein,
das Öl, das ihn schön macht,
das ihm Kraft gibt.
Herr, wie sind deine Werke groß und viel!
Du hast sie alle weise geordnet
und die Erde ist voll deiner Güte.

Psalm 104 bearbeitet von Sibylle Hassels

Aktionskarte: Einrahmen   M4a

- Mache dich mit dem Psalm vertraut, indem du alle wichtigen Wörter herausschreibst.
- Diese Wörter sind dein „Material", aus dem du einen Rahmen für den Psalm gestalten sollst.

Aktionskarte: Umschreiben   M4b

Schreibe den Psalm neu, indem du einen der beiden folgenden Anfänge wählst:
- Wenn du nicht wärst, Herr…
- Danke, Herr, für…

Aktionskarte: Raffen   M4c

Kannst du in einem einzigen Satz zusammenfassen, was der Beter sagen will?
Schreibe diesen Satz in die Mitte eines Blattes und *entfalte* ihn
- grafisch, zeichnerisch, mit Zeitungsausschnitten o.Ä.!

Aktionskarte: Versetzen   M4d

Dieser Psalm ist Tausende von Jahren alt – modernisiere ihn!
Wie würdest du/ein Gläubiger heute mit Gott über die Natur sprechen?
(Du musst nicht die vorgegebene Form verwenden!)

Aktionskarte: Guckkasten   M4e

- Lies die Info-Karte!
- Suche in M4 die vier Elemente: Himmel (Luft) und Erde, Wasser und Feuer (Licht);
  wähle eines dieser Element und gestalte dazu einen Guckkasten!

Das heißt: Du nimmst einen Karton, in dem du arrangierst, was deiner Meinung nach zum gewählten Thema passt; achte auf Materialien, Farben, Motive…

Wenn dir das angebotene Material nicht reicht, kannst du selbst auf die Suche gehen.

Aktionskarte:
Der Aktivitätstest (Das heiße Eisen)   M5a

– Wisst ihr eigentlich, was es in eurer Umgebung alles an Aktivitäten für den Umweltschutz
   gibt? Führt eine Fragebogenaktion durch
   ○ in der Schule
   ○ im Ort/Stadtteil/in eurer Stadt
– und dokumentiert die Ergebnisse in einer Broschüre.
   Berücksichtigt auch Mitgliedschaften (aktiv oder passiv?) bei großen Umweltschutz-
   organisationen wie Greenpeace oder WWF.
– Vielleicht gibt es in eurer Nähe eine Orts(jugend)gruppe? Die könntet ihr besuchen und
   erfahren, was zurzeit das „heiße Eisen" ist …
– Wichtig ist, dass eure Broschüre informativ und einladend wird – wer mitmachen will,
   sollte erfahren, wie und wo! (Beim nächsten Schulfest auslegen oder verkaufen!)

Aktionskarte:
Hund und Katz   M5b

Viele Menschen halten Haustiere. Da wird die Verantwortung des Menschen
für die Schöpfung ganz konkret. Denn auch Tiere haben bestimmte Ansprüche an ihre
Lebensbedingungen.

– Tragt zusammen, was ihr über die Haltung verschiedener Tierarten in Erfahrung bringen
   könnt (Tierhandlung, Tierheim, Ratgeber, Internet). Ihr könnt die Tierbesitzer unter euren
   Klassenkameraden dazu befragen – oder aber aus euren Infos einen Test entwickeln,
   den die Tier haltenden Kameraden zu bestehen haben …
– Fasst eure Ergebnisse in einer Ratgeber-Broschüre zusammen:
   ○ Haus-Tier: Was ist zu beachten? (o.Ä.)
   ○ Die verschiedenen Tiere im Kurzportrait (auch gern bebildert), Aussehen,
      Lebenserwartung, Verhalten, Pflegetipps etc.
      (Beim nächsten Schulfest auslegen oder verkaufen!)

Aktionskarte:
Die tägliche Schweinerei   M 5c

– Was geschieht eigentlich Tag für Tag zum Wohl oder Schaden eurer unmittelbaren Umwelt? Sammelt Informationen und Gedankenanstöße, etwa:

Woher kommt das Trinkwasser?

Wohin geht das Abwasser und was geschieht damit?

Wohin kommt der Hausmüll und was geschieht damit?

Woher kommt euer Strom?

Wie laut ist es – auf dem Schulhof, im Park, in der Fußgängerzone?

Welche Wege machen euch bekannte Erwachsene mit dem Auto, die auch zu Fuß zu bewältigen wären?

Wie viel unnötige Energie verbraucht
- die Standby-Funktion eures Fernsehers
- der laufende Automotor beim Eiskratzen/am Bahnübergang
- das brennende Licht im Flur, wenn alle im Wohnzimmer sitzen
- die „normale" Birne anstelle der Spar-Birne
- die Mikrowelle zum Aufwärmen des verpassten Mittagessens
- die offene Flurtür in der Heizperiode?

Wie viel Wasser verbraucht
- ein Wannenbad (gegenüber Duschen)
- das sommerliche allabendliche Rasen Sprengen
- das Laufen Lassen des Wasserhahns beim Zähne Putzen?

– Entwerft ein Poster mit Umwelttipps, die jeder ohne Aufwand umsetzen kann. Entwickelt einen Werbe-Slogan, der Mut macht!

Aktionskarte:
Saat und Ernte   M 5d

Und Gott ... setzte ihn in den Garten, dass er ihn bebaute ...

– Betätigt euch als Gartenplaner/Gärtner! Ihr könnt (je nach Gegebenheiten und Engagement)
- einen eigenen Gemüse-/Blumengarten anlegen (nach der Ernte ein gemeinsames Fest mit Salatbüffet veranstalten!)
- im Topf auf dem Fensterbrett Kräuter/Blumen ziehen
- einen Sonnenblumenwettbewerb veranstalten. Jeder Mitschüler zieht zu Hause seine Sonnenblume; zum Schulfest (o.Ä.) werden sie alle geerntet, gemessen, als Schulschmuck verwendet oder verschenkt/verkauft (Erlös für ein Umweltprojekt einsetzen!)
– Bevor ihr euch entscheidet: Sammelt Informationen über Pflanzen und ihre Bedürfnisse! Was wächst schnell? Was sät man wann? Welche Erde, welche Pflege, wie viel Sonne? Welche Pflanzen „vertragen" sich nicht?
– Erstellt aus euren Infos einen Projekt „für den Hobbygärtner" – bebildert, mit Ernährungstipps! Oder legt ein Wachs-Tagebuch (mit Skizzen) an!

Infokarte:
Er-Schöpfung

M6

Am ersten Tag beschloss der Mensch, dass er das Wichtigste auf der Welt sei und alles andere nach ihm komme. Sein Bedürfnis nach Bequemlichkeit und Luxus, sein Egoismus und seine Rücksichtslosigkeit ließen eine Tierart nach der anderen aussterben, zum Schluss gab es nur noch wenige. Die Pflanzen wurden immer seltener. Aber der Mensch dachte: **Macht nichts.** Ich schreibe Bücher und mache Bilder als Erinnerung an sie.

Am zweiten Tag wurde es dem Menschen langweilig. Er teilte sich in Gruppen ein, baute Waffen und rief die Gruppen auf, sich gegenseitig zu vernichten. Der Erfindungsgeist des Menschen war groß, und er erfand viele grausame Waffen. Doch solange man einen Feind hatte, dem man alle Schuld geben konnte, waren die Gruppen zufrieden. Viele Menschen litten sehr unter den Kriegen und starben qualvoll. Der Mensch dachte: **Macht nichts.** Umso mehr bleibt für die Gewinner übrig.

Am dritten Tag war nur noch eine kleine Siegergruppe übrig. Die Welt lag in Schutt und Asche, und viele Gebiete waren für Jahrhunderte verseucht und wurden zugemauert. Da beschloss der Mensch, die Menschen selber zu bauen, wie Gott es einst getan hatte. Man wollte Menschen mit besonderen Eigenschaften züchten: starke Kämpfer, zähe Arbeiter, schlaue Denker. Und so wurden in den Genlabors lauter Fließbandmenschen hergestellt. Alles war vorprogrammiert, nichts wurde mehr der Natur überlassen. Der Mensch dachte: **Macht nichts.** So ist es praktisch. Wir haben die höchste Effektivität erreicht.

Am vierten Tag gab es kein sauberes Wasser mehr und kaum noch Nahrung. Die Erde war verwüstet und der Giftmüll stapelte sich überall. Viele Menschen wurden krank und starben. Der Mensch dachte: **Macht nichts.** Wir machen uns eine neue Heimat, indem wir den Mars bewohnbar machen. Dann fliegen wir mit unseren Raumfähren auf den neuen sauberen Planeten und fangen von vorne an.

Am fünften Tag war die Atmosphäre auf dem Mars ähnlich der auf der Erde. Sie wurde von einer großen Maschine hergestellt, die viel Strom brauchte. Die ersten Raumfähren mit Menschen erreichten den Planeten. Nur eine kleine Gruppe war übriggeblieben. Der Mensch dachte: **Macht nichts.** Hier können wir von vorne anfangen, alle Möglichkeiten sind wieder offen. Wir bauen schnell eine große Industriestadt, um die künstliche Atmosphäre beizubehalten, dann bevölkern wir den Mars und beherrschen ihn.

Am sechsten Tag begannen die übriggebliebenen Menschen damit, ihre neue Stadt zu bauen. Dabei merkten sie, dass sie nicht wussten, wie sie ohne den Nachschub von der Erde leben könnten. Sie stritten sich darum, wie sie wohnen, wie sie sich ernähren und leben sollten. Aber vor allem hatte der Mensch vergessen, wie man in einer Gruppe zusammenhält, zusammen organisiert und aufeinander eingeht. Der Mensch dachte: **Macht nichts.** Das lag ja schließlich früher in unserer Natur und wir werden es wohl wieder lernen.

Am siebenten Tag waren nur noch zwei Menschen übrig, ein Mann und eine Frau. Alle anderen waren schon gestorben, sie waren verunglückt oder hatten sich aus Unsicherheit, aus Gier und Missgunst umgebracht, weil sie nicht gewohnt waren einander zu vertrauen. Da merkte der Mensch, dass er das Vertrauen nie wieder lernen würde. Misstrauisch beäugten sich die beiden letzten Menschen, bevor sie beschlossen, einander lieber aus dem Wege zu gehen…

Sibylle Hassels

Aktionskarte:
Klangreise   M 6a

- Anlässlich der Jahrtausendwende – Silvester 2999 – soll ein Hör-Spiel „Die Schöpfung: Von ihren Anfängen bis heute" aufgeführt werden. Ihr gewinnt die Ausschreibung und sollt einen Sound-Track herstellen.
- Ihr könnt Geräusche suchen oder selbst erzeugen; ihr könnt Musik einspielen und/oder kurze Kommentare sprechen, das Ganze als Reportage, Interview oder Meditation gestalten … am besten ist es, wenn euch noch ganz andere Einfälle kommen!

Aktionskarte:
Drama   M 6b

- Eurer Material ist die Infokarte M 6: Lest euch gegenseitig die 7 Tage vor! Findet eine Gestaltungsmöglichkeit: kurze Spielszenen? Plakate? Eine Mischung?
- Jetzt fehlt noch das Ende: „Zehn Jahre sind vergangen. Die beiden Menschen begegnen sich zufällig wieder…" Wie sehen sie aus? Was haben sie erlebt? Wie verhalten sie sich? Gibt es ein „happy end"? Stellt eure Version des Endes als letzten Akt eures Dramas dar!

Aktionskarte:
Das Loch in der Wand   M 6c

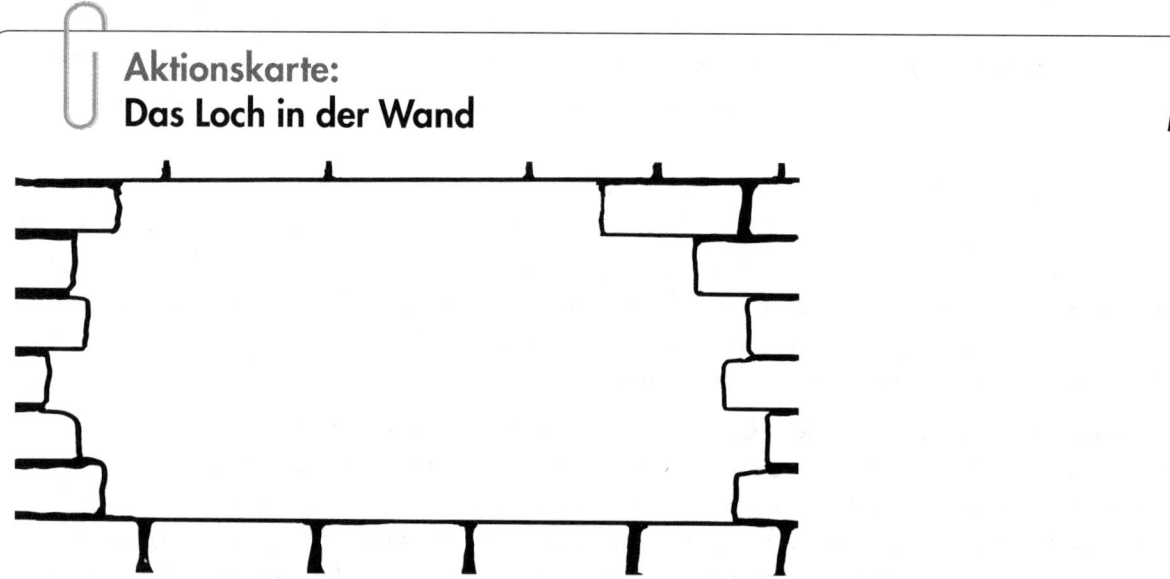

Die Mauer wurde vor Jahrhunderten von Menschen gebaut, die sich von einem unbewohnbar gewordenen Gebiet abriegeln wollten.

Ihr schlagt vorsichtig ein kleines Loch hinein und schaut auf eine völlig „neue" Welt.
- Malt, was ihr seht!
- Macht eine Reportage über die Geschichte der Mauer: Warum wurde sie gebaut? Was ist danach/dahinter geschehen? Wie geht es weiter? Ihr könnt das Medium wählen: Hörfunk oder Illustrierte?

Das Land

Das tägliche Leben

1. Thematisches Stichwort

„Man kennt Jesus nicht, wenn man das Land nicht kennt" – Mit diesem Satz von Wolf-Rüdiger Schmidt (Der Mann aus Galiläa, S. 128) werden im Grundwerk *Religionsunterricht praktisch (5. Klasse)*, Sinn und Zweck der Unterrichtseinheit „Zeit und Umwelt Jesu" umrissen. Derselbe Satz erklärt auch die Freiarbeitsvorschläge zu diesem Thema: Ein Land/eine Zeit kennen lernen – Das hat mit Einleben zu tun, ist also ein höchst aktiver, erfahrungs- und erlebnisbezogener Vorgang, zu dem nicht nur generell verschiedene

Wahrnehmungen gehören, sondern vermutlich auch für jeden einzelnen Sch diese verschiedenen Wahrnehmungen unterschiedlich gut geeignet sind, um ihm einen Eindruck zu verschaffen. Hier bietet Freiarbeit unübertroffene Möglichkeiten zur Eigeninitiative und Differenzierung.

Wir empfehlen die Bereitstellung möglichst reichhaltigen Materials (vgl. 3), wenige originelle Arbeitsvorschläge und ein waches Auge auf die Eigendynamik der Arbeitsgruppen.

2. Intentionen

Die Sch sollen
– das Land, in dem Jesus lebte, kennen lernen
– sich über das Leben der Menschen zur Zeit Jesu orientieren (die Berufe der Menschen, ihre Wohnungen, ihre Mahlzeiten)

– erste Zugänge zur Religion Jesu, dem Judentum, finden.

3. Literatur zum Thema

Brown, Alan und Andrew Langley: Woran wir glauben. Religionen der Welt – von Kindern erzählt, Ernst Kaufmann Verlag, Lahr 1999

Bühlmann, Walter: Wie Jesus lebte. Vor 2000 Jahren in Palästina. Wohnen, Essen, Arbeiten, Reisen, Rex Verlag, Luzern Stuttgart 1994[3]

Das Judentum, Textheft und 54 Farbfolien DIN A5, Religionspädagogisches Seminar der Diözese Regensburg, Regensburg 1998[3], zu beziehen bei: Religionspädagogisches Seminar, Niedermünstergasse 2, 93047 Regensburg, Tel 0941-5971511, 25,40 Euro

Dohmen, Christoph (Hg.): Bibel-Bilder-Lexikon, Verlag Katholisches Bibelwerk, Stuttgart 1995

Gastaldi, Silvia und Claire Musatti: Entdecke die Welt der Bibel, Neukirchener Verlagshaus, Neukirchen-Vluyn 2000

Gehrlein, Pia: Höre Israel! Leben und Glauben des Judentums. Freiarbeitsmaterialien für den Religionsunterricht in der Klasse 5 und 6, Katechetisches Institut des Bistums Trier, Trier 1997

Haag, Herbert: Das Land der Bibel Geographie-Geschichte-Archäologie. Mit CD Rom: Entdecken Sie das Heilige Land, Verlag Katholisches Bibelwerk, Stuttgart 2000

Heiliges Land beiderseits des Jordan. Satellitenkarte Maßstab 1:320000, aufgenommen am 18.01.1987 um 9.30 durch den amerikanischen Satelliten Landsat 5 aus einer Höhe von 930 Kilometern, zu beziehen bei: Biblische Reisen, Silberburgstr. 121, 70176 Stuttgart, Tel 0711-619250, ca. 12,50 Euro

Jaeschke, Ursula und Beate von Olnhausen: Medien – Bausteine Religion, Band 1-3, Urs Görlitzer-Verlag, Karlsruhe 1990

Kirchhoff, Ilka: Meine Religion – deine Religion. Christentum, Judentum, Islam, Arbeitshilfen OS 3, Religionspädagogisches Institut Loccum, Loccum 1996

Röckener, Andreas: Zur Zeit Jesu (Poster), Agentur der Rauhen Hauses Hamburg GmbH, Best. Nr. 1 7516-0

Schmidt, Wolf-Rüdiger: Der Mann aus Galiläa. Suche nach einem Unbekannten, GTB-Siebenstern, Gütersloh 1990

Then, Reinhold: Der Weg Jesu. Stationen seines Lebens und Wirkens. Stätten der Pilger. 90 Folien DIN A5, Farbbilder und Erklärungen, Religionspädagogisches Seminar der Diözese Regensburg, Regensburg 1997, zu beziehen s.o., ca. 28 Euro

Zohary, Michael: Pflanzen der Bibel, Calwer Verlag, Stuttgart 1995[3]

4. Orientierungsseite

Wo können *welche* Freiarbeitselemente *was* leisten?

Phase	Inhalte	FA-Elemente	FA-Materialien
Einstieg	**Das Land,** in dem Jesus lebte	Rollen-geführte Orientierung: Israel geografisch und auf Fotos	M 1a und b oder M 1c und d: Recherche-Aufgaben
Erarbeitung I	**Das tägliche Leben** der Menschen zur Zeit Jesu: **Wohnen**	Gemeinsam ein Dorf entdecken oder: aus vielen Häusern ein Dorf gestalten.	M 2 Häuser aus Ton oder Holz (Info-/Aktionskarte) Alternativ: Exkursion *oder* Das Dorf aus Holz (Bausatz)
Erarbeitung II	**Das tägliche Leben** der Menschen zur Zeit Jesu: **Berufe**	In Gruppen Berufs-bilder erarbeiten; für ein gemeinsames Rollenspiel vorbereiten	M 3 Berufe: Infokarten a-d; dazu Aufgabe a *oder* b *oder* c
Ergebnissicherung	Wir **essen** und **trinken** gemeinsam Präsentation der Arbeitsergebnisse	Arbeitsteilig ein Fest vorbereiten Feiern Ausstellung	M 4 Speisen: herstellen (Aufgaben a-c) *und* gemeinsam verzehren.

5. Erläuterungen zu den Freiarbeitsvorschlägen

Für den Einstieg werden nach einer kurzen Einführung im Plenum – vielleicht gemeinsames Sehen eines Reise-Videos „Land der Bibel" oder ausgewählter Dias – und/oder Erhebung des Vorwissens (Wer war schon einmal in Israel?) zunächst zwei Gruppen gebildet: die *Geografen* und die *Fotografen*.

Das Land

Eine Wandzeitung weist pro Stadt/Gegend/Fluss eine – leere – Seite auf, für die Informationen und Material zusammenzustellen sind.

Jerusalem	Nazareth	Bethlehem	Jericho
See Gene-zareth	Totes Meer	Jordan	?
Kaper-naum	Emmaus	Kana	Magdala
Judäa	Samaria Juda	Wüste	Nain
Berg Tabor	?	?	?

Beispiel für Seiten der Wandzeitung

Die **Infokarte M 1** wird für jeden Sch kopiert und kann anschließend als Grundinformation abgeheftet werden.

Die *Geografen* erhalten Karten (vor allem: eine große Wandkarte, möglichst die Satellitenkarte!) und Informationsmaterial (Bibelatlanten, Erdkundebücher, Sachbücher zu den Stätten der Bibel, Religionsbücher) sowie die **Aktionskarten a und b** (je viermal), dazu Tesa-Krepp und *Post-its*. Je nach Gruppenstärke können sie alle Aufgaben gemeinsam bearbeiten oder die gesuchten Orte/Gegenden/Flüsse an Kleingruppen delegieren (evtl. hilft L).

Die *Fotografen* erhalten Reiseprospekte (Sammlung L oder die Sch sammeln im Vorfeld), Kopien aus Sachbüchern/die Möglichkeit, selbst Kopien herzustellen, sowie

die **Aktionskarten c und d** (je viermal; zur Binnendifferenzierung s.o.).

Zum Abschluss der Gruppenarbeit werden die leeren Seiten der Wandzeitung einzeln aufgerufen, und die beiden Gruppen stellen abwechselnd ihre Informationen und Bilder dazu vor und heften sie an. Die Fragezeichen-Seiten werden nach Sch-Vorschlägen gestaltet und beschriftet.

Anmerkung: Wenn in der Klasse ein Computer steht, können auch CD Roms eingesetzt werden:
– Entdecken Sie das Heilige Land, Verlag Katholisches Bibelwerk, Stuttgart 2000
– Die interaktive Reise durch das Leben Jesu (Ausführungen zu Palästina, Judentum, Landwirtschaft und Zoll)

Das tägliche Leben 1: Das Dorf

Die meisten Menschen zur Zeit Jesu lebten in Dörfern, z.B. in Nazareth, das übrigens völlig unbedeutend war („Was kann schon Gutes aus Nazareth kommen?"), oder in Bethlehem. Sie wohnten entweder in Wohnhöhlen oder in würfelförmigen Ein-Zimmerwohnungen.

Ein solches Dorf kann besichtigt (**a**), nachgebaut (**b, c**) oder doch zumindest aufgebaut (**d**) werden; in jedem Fall sollen die Sch durch eigenes Erleben mehr als nur ein „Wissen über" erwerben; sie können – im Fall der Besichtigung – ihrer Fantasie und Neugier, im Fall des Bauens oder Nachbauens ihrer Kreativität und der Dynamik der Zusammenarbeit freien Lauf lassen. Effektiv werden beide Zugänge durch gute Vorbereitung: Für die Besichtigung stehen Laufzettel (**a = vor Ort!**) zur Verfügung, die von Museumspädagogen erstellt sind, zum Selbstbauen bedarf es guter Anleitung (▶ **M 2 Info- und Aktionskarte**), zum Aufbauen des Holz-Dorfes ist die mitgelieferte Beschreibung allen Sch zugänglich zu machen (**d = im Bausatz**).

a) Das Biblische Freilichtmuseum

ist in der Nähe von Nimwegen, Holland.
Profetenlaan 2
NL-6564BL Heilig Landstichting
Telefon 0031-24-38 23 110
Fax 0031-24-38 23 111
E-mail: info@bijbelsopenluchtmuseum.nl
www. bijbelsopenluchtmuseum.nl

Foto: Claudia Klei

Das Bibelmuseum ist vom 20. März bis zum 2. November täglich von 9.00 bis 17.30 Uhr geöffnet. Der Eintritt kostet für Schulklassen NLG 6,50 für jedes Kind, die Führung für alle NLG 25,00 (Stand: 2001). Die Sch können sich das Heilige Land aber auch selbst erobern – mit Hilfe von Laufzetteln, die von Museumspädagogen entwickelt wurden. Übrigens versteht man Deutsch – und der Euro erspart den Geldumtausch.

Sehen kann man ein ganzes Dorf, eine Synagoge, ein Fischerdorf, Tee gibt es in der Herberge (umsonst!), man kann in der römischen Herberge essen, im Laden einfache Holzpfeifen kaufen… Mitbringen sollte man ein paar Stunden Zeit, Skizzenblock und wache Augen.

b) Das Dorf aus Lehm

Hierfür brauchen wir reichlich Ton oder alternativ graue, hellbraune oder weiße Knetmasse, große Pappen als Grundfläche, Platz und Zeit. Alle Sch erhalten je eine Kopie der **Aktionskarte M 2** und der **Infokarte M 2**.

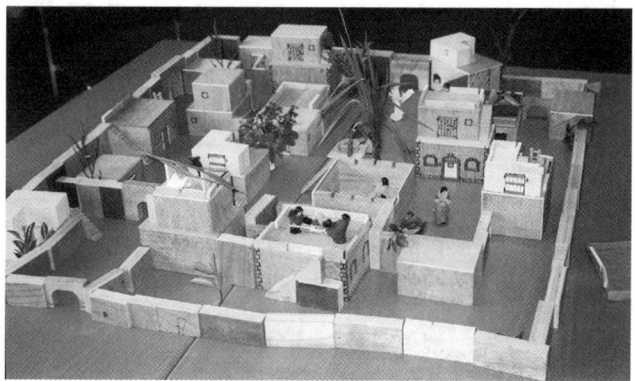

Foto: Christina Schulze

c) Das Dorf aus Holz (Projekt)

Allein die nötigen Werkzeuge (elektrische Säge, Laubsägen, Schraubzwingen) und die Materialbeschaffung (Hölzer verschiedener Stärken, Holzleim, Schleifpapier) zeigen, dass *fächerübergreifendes Arbeiten* angesagt ist. Dann macht so etwas aber auch allen Beteiligten Spaß und wird zu einem Erfolgserlebnis. Alle Sch erhalten eine Kopie der **Infokarte M 2**.

d) Das Dorf aus Holz

kann man (als Bausatz) aber auch kaufen beim:
Schulreferat des Kirchenkreises Moers
Pfarrer Dr. Günter Meyer-Mintel
Seminarstr. 8
47441 Moers
Telefon 02841-100 138
Preis: € 130,00 plus Porto

Geliefert werden 17 Häuser verschiedener Größen, 22 Treppen, kleine und große Tore (eins mit der Nadelöhr Tür), sehr viele Holzstücke zum Bauen von Mauern und kleinere für die Dachumgrenzungen. Es gibt ein Schiffchen, einen Brunnen und 5 Leitern. Die Sch müssen nur noch Lego-Figuren mitbringen, Bäume basteln und alles aufbauen. Dabei wird diskutiert: „Wie lebten die Menschen zur Zeit Jesu?"

Das tägliche Leben 2: Berufe

Berufe im heutigen Sinn gab es zur Zeit Jesu nicht. Der Sohn lernte vom Vater, die Tochter von der Mutter. Und doch gab es Spezialisierungen: den Zimmermann, den Töpfer usw. Auf diese Berufe soll hier nicht eingegangen werden. Für die Sch ist es wichtig, Bauern, Hirten und Fischer kennen zu lernen, weil sie in der Botschaft Jesu einen besonderen Stellenwert haben. Sicher hat niemand in dieser Zeit daran gedacht, dass „Hausfrau" ein Beruf sein könnte. Die verheiratete Frau hatte einfach bestimmte Aufgaben. Einige davon werden aufgezeigt. Vielleicht führt das zu fruchtbaren Gesprächen.

Die Infotexte und Aufgaben sind in die Fiktion des *Besuchs eines römischen Beamten* eingebaut, der sich ein Bild über die wirtschaftlichen Verhältnisse im Land verschaffen soll und daher die Berufsgruppen vorsprechen lassen will. Daher muss L die Verteilung der Aufgaben (ausnahmsweise) stärker steuern:

Die **Infokarten M 3 a-d** werden *je zweifach* bereit gelegt.

Die **Aktionskarten M 3 a und b** werden *je vierfach* kopiert und an einzelne Sch verteilt, die dann gebeten werden, sich eine „Mannschaft" zusammenzustellen (ein oder zwei Partner, je nach Klassenstärke)

Im Idealfall bleiben ein bis drei Sch übrig, die eine **Aktionskarte M 3 c** erhalten (*Geheimhaltung*: L erklärt, dass es sich um einen Geheimauftrag handelt, dass die betreffenden Sch aber ungehinderten Zugang zu allen Gruppen haben sollen)

Die Anhörung vor dem römischen Beamten (L) ist zweiteilig: zunächst werden die Arbeitsgruppen zu a. gehört, dann zu b. ; die „Spione" können zwischendurch befragt werden.

Alternativ: OH-Kino

Dazu bilden sich lediglich vier Gruppen um je eine der vier Info-Karten. Die Aktionskarten bleiben außen vor.

L hat die Bilder auf Folie kopiert, vielleicht sogar mehrfach. (Lassen Sie möglichst einen längeren Streifen seitlich oder unten stehen, damit die Figuren auf dem Tageslichtschreiber leichter bewegt werden können.)

Die Gruppen bereiten ein Spiel auf dem OH-Projektor vor:

> Bauer, Fischer, Hausfrau und Hirt treffen sich auf dem Markt und erzählen einander von ihrem Alltag, ihren Sorgen und Wünschen. Zunächst fürchten sie den anderen als Konkurrenz – wie ließe sich diese Situation „entschärfen"?

Zu „Technik" und Möglichkeiten des OH-Kinos: Durch einfaches Umdrehen können die Personen sich ansehen oder abwenden.

Außer der oben genannten Aufgabe können mit denselben Bildern später auch Jesusgeschichten gespielt werden. Hierzu eignen sich vor allem:

Vom Sämann (Lk 8,4-15; Mt 13,18-23; Mt 13, 24-30; Mt 13,36-43) – betrifft den Bauern.

Die Sturmstillung (Mt 4,18-22; Lk 8,22-25; Mt 13,47-51) – betrifft die Fischer.

Die Frauen kommen in Gleichnissen kaum vor (verlorener Groschen Lk 15,8-10 spricht nicht von der Arbeit der Frau), aber in erzählenden Berichten: Jesus und die Samariterin (Joh 4,5-30: die Frau am Brunnen).

Wenn die Figuren vergrößert werden, auf Karton kopiert, ausgeschnitten, mit einem Stab versehen, kann man auch hinter einem aufgespannten Betttuch (an einer Wäscheleine angeklammert) ein echtes Schattenspiel aufführen. Aber die Technik muss jeder erst nach seinen lokalen Bedingungen ausprobieren.

Das tägliche Leben 3: Essen und Trinken

Beim Thema Essen und Trinken wird das eingangs genannte Prinzip des Erlebens statt „Reden über" noch zwingender – und selbstverständlicher:
Wir veranstalten ein gemeinsames Essen/ Klassenfest „wie zur Zeit Jesu".

M 4a: Wir backen Brot in der Klasse

Ein weiteres Rezept für Fladenbrot ist abgedruckt in RU praktisch 5, S. 34. Dieses Rezept ist zeitaufwändiger und braucht einen Backofen.

Beide Rezepte verwenden Treibmittel, die zur damaligen Zeit unbekannt waren. Wir könnten authentischer sein, wenn wir mit Sauerteig arbeiten würden. Das ist in Deutschland aber nicht einfach. Und das Klima des Vorderen Orient können wir nicht in die Klasse holen.

M 4b: Früchte

Viele Früchte sind von Sch schwer zuzuordnen. Von einigen wissen sie, dass sie aus Amerika stammen (Tomaten, Mais, Kartoffeln), andere hören sich vielleicht schon so Deutsch an (Brombeeren, Birnen, Stachelbeeren, Erdbeeren). Aber da gibt es schon Probleme: Kommen nicht die Weihnachtserdbeeren fast alle aus Israel?

Die Sch wählen selbst verschiedene Aufgaben. Wer nicht backen oder Obstsalat herstellen will, kann den „Tisch" decken, die Musikanlage für die „Hewenu Schalom malechem" CD installieren, Sitzgelegenheiten suchen, dekorieren…

Als didaktische Reserve und zur Festigung gibt es einen Buchstabensalat. Gesucht werden 14 Begriffe. Hier ist die Lösung.

Ä	P	F	E	L	B	O	H	N	E	N		
L			F			D	I	L	L	O		
A	D		E	R	B	S	E	N		L		
U	A	P	I	S	T	A	Z	I	E	I		
C	T		G							V		
H		T	M	E	L	O	N	E	N	E		
	W	E	I	N	T	R	A	U	B	E	N	
W	A	L	N	Ü	S	S	E					
M	A	N	D	E	L	N			S	E	N	F

Infokarte:
Das Land

M 1

Das Land, aus dem Jesus kam, ist gekennzeichnet durch Gegensätze:
fruchtbare Gebiete einerseits
und trockenste Wüstengebiete, wo Leben bis heute nur schwer möglich ist, andererseits.
Auch klimatisch ist das Land geprägt von Gegensätzen:
trockene Sommer und regenreiche Winter stehen einander gegenüber.

Israel ist in weiten Teilen Hügel- und Bergland.

Westlich vom Jordangraben (200 m unter dem Meeresspiegel!) zieht sich
in Nordsüdrichtung das palästinensische Gebirge mit
dem Hochland von Galiläa,
dem samaritanischen Bergland
und den Bergen Judas.

Parallel dazu verläuft die Küstenebene,
durch das Karmelgebirge
in zwei Hälften geteilt.

Zur Zeit Jesu war das Land Israel in sieben große Gebiete unterteilt.
Vom Jordantal aus gesehen lagen
nordwestlich Galiläa,
Samaria in der Mitte,
Judäa und Idumäa im Süden,
östlich des Jordantals
die Landschaft Gaulanitis (heute Golan),
die Dekapolis (10 Städte) und Peräa.

Für das Leben Jesu war vor allem ein Gebiet wesentlich: Die Zeit seines hauptsächlichen Wirkens
verbrachte er in Galiläa. Zum Ende seines Lebens zog es ihn in den Mittelpunkt des Landes,
nach Jerusalem.   *(H. Lehmann, RU praktisch 5, S. 26)*

Aktionskarte:
Was ist wo?

M 1a

– Nehmt eine möglichst große Landkarte von Israel und fixiert sie mit Tesakrepp o.Ä. auf dem Fußboden oder einem großen Gruppentisch. Mit kleinen Post-it-Zetteln, die sich leicht wieder abziehen lassen, werden Namen auffällig gemacht.
– Sucht die Namen, die auf der Info-Karte erwähnt sind!
– Markiert die Namen, die für die Wandzeitung gesucht werden und beschreibt euch gegenseitig ihre Lage!

Jerusalem – Bethlehem – Nazareth – Jericho
See Genezaret – Totes Meer – Jordan
Kapernaum – Emmaus – Kana – Magdala
Judäa – Samaria – Wüste Juda – Nain
Berg Tabor

– Entfernt die Markierungen und veranstaltet Wettbewerbe: Zwei Sch treten gegeneinander an und müssen so schnell wie möglich je fünf Orte zeigen, die ihnen aus der Gruppe zugerufen werden (Zeit stoppen!).

Aktionskarte:
Mehr wissen

M 1b

– Sucht Informationen zu den Wandzeitungsstationen:
  ○ Wie viele Einwohner hatten/haben die Städte?
  ○ Wie hoch/tief liegen die Orte und Flüsse?
  ○ Wie breit sind die Gewässer?
  ○ Wie viel Niederschlag fällt in der Wüste?
  ○ Wie hoch sind die Berge?　usw.
– Ihr könnt allein, zu zweit, um die Wette auf die Suche gehen; anschließend wird alles zusammengetragen.

Aktionskarte:
Urlaubsbilder

M 1c

Ein Freund von euch war in den Ferien in Israel und hat eine Menge Aufnahmen gemacht und Prospekte gesammelt. Er legt euch sein Material unkommentiert vor.
– Sucht euch zunächst Abbildungen aus (L sagt euch, was zur Verfügung steht), die euch besonders gefallen.
– Beschreibt euch gegenseitig eure Lieblingsbilder. Was würdet ihr sehen, riechen, hören und tun, wenn ihr dort wärt?
– Sortiert alle ausgesuchten Bilder nach Stadt – Landschaft – Gewässer!

Aktionskarte:
Bildband   **M 1d**

– Aus euren Bildervorräten soll ein Bildband erstellt werden –
  die leeren Seiten hängen an der Wand. Ihr braucht Fotos zu

Jerusalem – Bethlehem – Nazareth – Jericho
See Genezaret – Totes Meer – Jordan
Kapernaum – Emmaus – Kana – Magdala
Judäa – Samaria – Wüste Juda – Nain
Berg Tabor

– Sucht die aussagekräftigsten Abbildungen heraus und legt sie zur Präsentation bereit!
– Wenn einige Lieblingsfotos übrig bleiben, sucht Argumente, warum sie auf die
  Zusatzseiten „gedruckt" werden sollten!

Aktionskarte:
Häuser aus Lehm   **M 2**

– Zuerst nehmt ihr einen Klumpen Ton und formt daraus einen Ball. Der wird dann
  zu einem Würfel gedrückt. Er sollte in der Grundfläche nicht größer als **14x14 cm** sein
  und nicht höher als **7cm**. Das gibt die richtige Größe für die „Menschen" (Lego o.Ä.).
– Einige Häuser sollten auch kleiner sein – es gab immer auch ärmere Menschen.
– Jedes Haus bekommt eine **Haustür** und daneben auf der gleichen Wand **ein oder zwei**
  Fenster. Das kann man mit einem spitzen Hölzchen einritzen und später, wenn der Ton
  getrocknet ist, auch mit Filzstiften vorsichtig nachmalen.
– Ein kleiner Strich neben der Tür zeigt an, wo die **Gebetskapsel,** die **Mesusa,** ist.
– **Treppen** für den Zugang zum Dach werden auch aus Ton geformt.

Alternativ

– Baut ein Haus mit echten **Wänden,** schneidet Öffnungen für ein **Fenster** und die **Tür!**
– Im Haus wird eine **breite Stufe** eingefügt. Auf dieser Plattform wohnen die Menschen,
  die Tiere auf dem Boden.
– Das **Dach** wird aus kleinen Stöcken gebastelt (Schaschlik Spieße), über die dann
  noch Palmblätter gelegt werden. So konnte man das Haus leicht abdecken, um den
  Gelähmten zu Jesus zu bringen (Lk 5,19).

Infokarte:
Das Dorf (Für Lehm- und Holzhausbauer)   M2

– In der Mitte des Dorfes steht ein **Brunnen** (kleine Schale mit senkrechtem Rand). Viel Platz muss rundherum bleiben, denn hier trifft man sich, wartet auf den Herrn, der Arbeiter braucht, kauft und verkauft.

– Das Dorf ist geschützt von **Mauern** und einem **Tor**. Abends wird das Tor geschlossen; aber es gibt noch **eine kleine Tür im großen Tor**, durch die ein Mensch, der sich verspätet hat, hindurchschlüpfen kann. „Nadelöhr" nennt man das. Im übertragenen Sinn benutzt Jesus dieses Bild, um von der Schwierigkeit zu sprechen, dass ein Reicher in das Reich Gottes kommen kann (lies: Mt 19,24). Das Tor bauen wir am besten aus dicker Wellpappe.

– Vor dem Dorf ist ein See. Dort wohnt der Fischer. Er hat ein ähnliches Haus wie die Dorfbewohner, aber er braucht noch einen Schuppen für sein Boot, die Netze und anderes Gerät. Vor dem Haus sind Stäbe, über denen die Netze (Mullbinde) getrocknet werden.

– Bäume werden aus verschiedenen Materialien hergestellt. So kann man Palmen basteln, indem man einen Streifen grünes Papier von der kurzen Seite her vielfach einschneidet, aufrollt um einen Stamm, den man in einen etwa kastaniengroßen Klumpen Ton steckt. Die Palmwedel werden dann noch heruntergezogen, in Form gebracht. Naturmaterial eignet sich auch sehr gut zur Herstellung von Büschen.

    Die Lego-Männchen werden bekleidet mit Überwurfmänteln aus Stoffresten oder Filz. Dabei werden geschickte Bastler auch Kapuzen entwickeln, denn die Sonne brennt am Tag, kalt ist es in der Nacht und oft weht ein Wüstenwind.

Infokarte:
Der Bauer

M 3a

Die meisten Bauern waren Kleinbauern. Sie hatten 8-10 ha (1 ha = 10 000 m^2) Land, das aber teilweise steinig war und von dem, was geerntet wurde, mussten 6-9 Personen leben. Gut war ein Jahr, wenn der Bauer viel mehr erntete, als die Familie zum Leben brauchte. Dann konnte er den Überschuss auf dem Markt verkaufen oder gegen andere Dinge, die die Familie brauchte (Geschirr, Töpfe, Kleidung, Werkzeug…), eintauschen. Man ging mit diesen kostbaren Dingen sehr sorgsam um, die Frauen webten und nähten meistens selbst.

Im Norden Palästinas ist das Land fruchtbarer, es regnet dort mehr als im Süden. Die meisten Bauern hatten Felder, auf denen Getreide angebaut wurde, gleichzeitig gab es Oliven- und Feigenbäume, die Frucht trugen und verschiedenen Gemüsesorten Schatten spendeten. Weintrauben und Feigen können fast 10 Monate im Jahr Früchte bringen!

Im Oktober, nach dem ersten Frühregen, wenn der Boden durchgefeuchtet ist, wird entweder gepflügt oder gleich der Samen auf das Land gesät. Der Pflug ist aus Holz, meistens hat er eine Eisenspitze, mit der der Boden aufgerissen wird. Dazu ziehen zwei Ochsen über ein Holzgestänge den Pflug, der Bauer drückt ihn mit seinem Gewicht in die Erde. Das ist eine schwere Arbeit. Weizen, Gerste oder Linsen wachsen während der Winter-Regenzeit.

Etwa im April ist Erntezeit. Mit Metallsicheln werden die Ähren abgeschnitten, das Stroh bleibt auf dem Feld für die Tiere. Heiß ist es, wenn die Männer das Getreide dreschen. Die Ähren werden auf sauberem, festgestampftem Boden ausgebreitet. Dann werden entweder Ochsen darüber geführt oder eine Dreschplatte wird darüber gezogen, so dass die Körner aus der Spreu herausfallen.

Anschließend wird die Spreu vom Getreide entfernt, indem man mit einer Schaufel beides hochwirft. Der Wind trägt die Spreu ein Stück weit fort, die Körner fallen zu Boden.

Infokarte:
Der Hirte

M 3b

Hirten gehörten zur Unterschicht: Sie hatten nichts, sie mussten für andere arbeiten. Meistens zogen sie mit Tieren von mehreren Bauern durch das Land. Die Weiden waren immer im mittelhohen Bergland, zwischen Steinen und Büschen. Da konnte schon mal ein Tier verloren gehen, in eine Felsspalte rutschen, sich ein Bein brechen. Abends kehrten die Hirten nicht ins Dorf zurück, sie machten aus Zweigen und Gestrüpp einen kreisförmigen Zaun, in den dann die Tiere wie in einen Stall getrieben wurden. Dabei wurden sie gezählt. Wenn eins fehlte, musste der Hirt noch einmal los, um es zu suchen. Meistens kannte er seine Tiere aber so gut, dass er schon auf dem Weg zum Rastplatz wusste, ob alle da waren.

Hirten wussten, wo Wasser für die Tiere war, Quellen, Bäche. Sie kümmerten sich um die neugeborenen Schafe, die noch nicht selbst mit der Herde mitlaufen konnten: Sie wurden getragen. Man legte sich das Schäfchen in den Nacken und hielt die vorderen Beine mit einer Hand, die hinteren mit der anderen.

Hirten kannten Kräuter, die bei den Schafen wie Medizin wirkten.

Weshalb mochten die Dorfbewohner die Hirten nicht?

Nun, sie waren oft lange fort. Wenn sie dann schließlich wiederkamen, wollte jeder Bauer sein Schaf oder seine Ziege gut genährt zurück haben. Und dann geschah es bisweilen, dass das Tier fehlte und der Hirt eine schauerliche Geschichte erzählte von einem Wolf oder Löwen, der das Tier getötet habe. Oder es sei den Berg hinuntergerutscht und hatte sich so verletzt, dass der Hirt es töten musste.

Die Dorfbewohner vermuteten wohl oft richtig, dass in Wahrheit der Hunger des Hirten auf ein Stück Fleisch allzu groß gewesen war...

Zu einer Familie gehörten nicht nur Vater, Mutter und die Kinder, sondern auch Großeltern, unverheiratete Tanten, jüngere Geschwister des Mannes – Großfamilien gab es bei den Nomaden, aber auch oft bei den Dorfbewohnern.

Die aufwändigste tägliche Arbeit der Frauen war das Brotbacken. Zuerst werden die Körner noch einmal kontrolliert, ob auch kein Schmutz, Unkraut oder Steinchen dazwischen ist. Dann setzen sich zwei Frauen an eine Mühle, die aus zwei runden Steinen besteht, die in der Mitte ein Loch haben. An einem Griff wird der obere Stein gedreht und zerquetscht dabei die in die Mitte gegebenen Körner. Das so gewonnene Mehl fällt auf ein sauberes Tuch. Es dauert lange, bis genügend Mehl fertig ist. Es wird in eine Schüssel geschüttelt und noch einmal ausgesucht. Aus Mehl, Wasser und Salz wird ein Vorteig hergestellt, der in der Sonne schnell sauer wird – das ist das Treibmittel. (Hefe war unbekannt.)

Im Winter nimmt man Sauerteig vom vorigen Tag, um den Prozess zu beschleunigen. Wenn die Masse genug aufgegangen ist, nimmt man einen Kloß ab, bestreut ihn mit grobem Mehl und klopft ihn flach. Dann wirft die Frau diese Platte so lange hin und her, bis ein dünner Fladen von Pizzagröße entsteht.

In der Zwischenzeit haben die Kinder Holz gesucht – und sehr wahrscheinlich nichts gefunden. Holz ist selten und kostbar. Also nehmen sie Gestrüpp, trockenen Dung von Tieren oder Stroh von den abgeernteten Feldern. Damit wird der Backofen geheizt.

Der Backofen sieht aus wie eine große Vase, hat aber unten eine Öffnung, damit das Brennmaterial hineingeschoben werden kann und Luft das Feuer anfacht. Wenn nur noch Glut da ist, nimmt die Frau eine Teigplatte, hebt sie geschickt in die „Vase" und klatscht sie gegen die Innenwand. Es gab und gibt aber auch eine gewölbte metallene oder tönerne Backplatte, auf der die Fladen ausgebacken werden. Sehr schnell sind sie fertig. Sie können gestapelt bis zum Abend aufgehoben werden. Am besten schmecken sie aber frisch!

Frauen mussten sich auch um den Wasservorrat der Familie kümmern. Das beste Wasser war Quellwasser. Brunnenwasser konnte verschmutzt sein – oder gar vergiftet! Außerdem gab es oft Streit um Brunnenrechte. Das Wasser aus der Zisterne stammte aus der letzten Regenzeit, es war häufig abgestanden. Da Wasser aber das wichtigste Getränk für die ganze Familie war, gingen Frauen oft sehr weit, um sauberes Wasser in hohen Krügen auf dem Kopf nach Hause zu tragen.

Weitere Arbeiten der Frauen: Zubereiten von Grütze, Gemüse, Trocknen von Vorräten, Waschen der Wäsche, Spinnen, Weben, Nähen, Flicken, Färben.

Infokarte:
Der Fischer

M 3d

In allen Flüssen des Landes, am Mittelmeer und im See Genezareth gab es zur Zeit Jesu Fische und damit auch Fischer. Sie konnten gut vom Fischfang leben. Ausgrabungen zeigen, dass sie große Häuser hatten. Am See Genezareth gab es allein auf der westlichen Seite vier Städte.

Allerdings waren die Fischer, die Jesus zu ersten Jüngern machte, nicht so wohlhabend. Vielleicht gab es in Kapernaum einfach zu viele Fischer.

Meistens fischte man nachts. Man hatte die Erfahrung gemacht, dass dann der Fang reicher war. Aber gefährlicher war das auch. Hinzu kamen plötzliche Fallwinde (die es auch heute noch gibt!), die einem kleinen Boot große Probleme machen können.

Gefischt wurde meistens vom Ufer aus mit einer Schnur mit Haken oder einer Angel. Größere Fänge gab es, wenn man Netze benutzte. Runde Wurfnetze konnte man aufrollen, der Fischer stand still im seichten Wasser und warf, sobald er Fische sah, das Netz über sie. Mit einer Schnur zog er das Netz zusammen und sortierte dann alles aus, was er nicht brauchen konnte.

Aber auch das brachte noch nicht den großen Fang. Wenn sich mehrere Fischer zusammentaten und zwei Boote einsetzen konnten, benutzten sie ein Schleppnetz, das von einem Boot ausgelegt und vom anderen angezogen wurde. Holzstücke hielten den Netzrand oben, Steine zogen es in die Tiefe.

Gefangen wird auch noch heute der sehr gut schmeckende Petrusfisch. Schalentiere und Fische ohne Schuppen, wie z.B. den Katzenfisch, durften und dürfen Juden aus religiösen Gründen nicht essen.

Wenn Fische nicht gleich am See ausgenommen, zubereitet und gegessen wurden, musste man sie salzen und trocknen. Das machten meistens die Frauen der Fischer.

Aktionskarte:
Mehr Lohn, mehr Anerkennung!   M3a

– Holt euch eine Info-Karte und lest sie sorgfältig durch!
– Unterhaltet euch über den vorgestellten Beruf, indem ihr den Text abdeckt und anhand
  der Abbildung die Tätigkeiten beschreibt!
– Bereitet euch nun auf die große Demo vor dem römischen Beamten vor:
  Der Mann ist vom Kaiser geschickt, um die Wirtschaft in eurem Land zu begutachten.
  Es heißt, dass die wichtigste Berufsgruppe Prämien erhalten soll!
  ○ Sammelt (schriftlich) Argumente!
  ○ Gestaltet ein Demo-Transparent!

Aktionskarte:
Hilfe vom Kaiser?   M3b

– Holt euch eine Info-Karte und lest sie sorgfältig durch!
– Unterhaltet euch über den vorgestellten Beruf, indem ihr den Text abdeckt und anhand
  der Abbildung die Tätigkeiten beschreibt!
– Bereitet euch nun auf eine Klage vor dem römischen Beamten vor: Der Mann ist vom
  Kaiser geschickt, um die Wirtschaft in eurem Land zu begutachten. Es heißt, dass die
  Berufsgruppe, die es am schwersten hat, Unterstützung erhalten soll:
  ○ Sammelt (schriftlich) Argumente!
  ○ Dokumentiert euer größtes Unglück („Foto" eines „Berufsunfalls" zeichnen o.Ä.)!

Aktionskarte:
Schnüffler   M3c

– Suche dir einen oder zwei Mitarbeiter!
– Ihr seid Spione des römischen Beamten, der am Nachmittag Vertreter der Berufsgruppen
  treffen will, um sich ein Bild über die Wirtschaft in eurem Land zu machen. Der Beamte
  weiß, dass die Vertreter so reden werden, wie es ihnen vorteilhaft erscheint. Darum schickt
  er Spione aus, die sich heimlich Zusatzinfos beschaffen sollen. Insbesondere sollt ihr klären:

Warum kann der Bauer nicht im Frühjahr säen?
Warum interessiert sich ein Wanderprediger wie dieser Jesus von Nazaret für Hirten?
Warum ist die Gastgeberin dieses Jesus, Marta, immerzu nach draußen gerannt, als Jesus bei ihr im
Haus saß?
Soll man es glauben, wenn der Fischer Petrus erzählt, er sei auf dem See Genezaret einmal von einer
Minute zur anderen in ein schreckliches Unwetter geraten?

– Schreibt die Fragen auf einzelne Karten!
– Geht in der Klasse umher und „belauscht" die Gruppen bei ihren Beratungen!
– Nehmt auch noch leere Karten mit, um euch weitere wichtige Notizen zu machen!
  Wenn ihr Antworten findet, notiert sie!
– Am Ende schreibt ihr einen kurzen Bericht für euren Chef: Euer Eindruck, Auffälligkeiten –
  Wer ist wirklich arm? Wem geht es ganz gut?

Aktionskarte:
Brotbacken   M 4a

Geräte und Material: Herd oder Zwei-Platten Kocher, Bratpfanne (möglichst beschichtet),
                          Schüssel, Rührlöffel

Zutaten: 4 Tassen Mehl
                          1 gestrichener Esslöffel Backpulver
                          1 Teelöffel Salz
                          350 ml Wasser (lauwarm)
                          Öl zum Ausbacken (möglichst Oliven- oder Sonnenblumenöl)

Dieses Rezept ist für zwei Fladenbrote. Vier bis sechs Sch essen ein Brot.

Zubereitung: Mehl, Backpulver und Salz werden in der Schüssel verrührt.
                          Langsam wird Wasser zugegeben, weiter rühren oder (mit frisch
                          gewaschenen Händen!) kneten.
                          Möglichst wenig Wasser nehmen, der Teig darf nicht klebrig werden.
                          Dann werden zwei Kugeln geformt, platt gedrückt und in der mit
                          etwas Öl angefetteten Pfanne bei mittlerer Hitze ausgebacken.
                          Bitte wenden!

                          Das Brot schmeckt am besten, wenn es noch warm ist.

Aktionskarte:
Obstsalat   M 4b

Zutaten: Datteln, Feigen, Weintrauben, Äpfel, Granatäpfel,
                          Johannisbrotbaumschoten, Walnüsse, Pistazien, Mandeln,
                          Maulbeeren, Melonen, Kürbisse, Minze

Zubereitung: Alles, was ihr besorgen konntet, wird in mundgerechte Stücke
                          geschnitten und in einer Schüssel gut durchmischt.

                          Das war's.

Aktionskarte:
Drumrum   M4c

Zu einem gemeinsamen Essen in einem heißen Land muss reichlich getrunken werden:
Wasser, Milch, (für Erwachsene: Wein-Wasser-Gemisch).

Und so fand/findet das gemeinsame Essen statt:
Legt eine Decke in die Mitte,
Bastmatten (oder weitere Decken, Polster) rundherum,
legt das Essen in die Mitte auf ein sauberes Tuch oder eine Schale.
Es gibt keine Teller oder Bestecke.
Getrunken wird aus Bechern (Tassen).

P.S.: Gegessen wurden auch Schafs- oder Ziegenkäse, Honig, gekochtes Gemüse und Getreidegrütze.
Für Festtage wurde ein Tier geschlachtet und es gab gebratenes oder gekochtes Fleisch.

Aktionskarte:
Buchstabensalat   M4d

M	Ä	P	F	E	L	B	O	H	N	E	N
L	O	P	N	F	E	A	D	I	L	L	O
A	S	D	L	E	R	B	S	E	N	I	L
U	T	A	P	I	S	T	A	Z	I	E	I
C	I	T	A	G	N	U	T	E	L	L	V
H	U	T	M	E	L	O	N	E	N	O	E
O	W	E	I	N	T	R	A	U	B	E	N
W	A	L	N	Ü	S	S	E	M	E	I	S
M	A	N	D	E	L	N	A	S	E	N	T

– Wie viele Begriffe findest du im Buchstabensalat? Schreibe sie auf!

– Welche der oben genannten Lebensmittel kannst du zeichnen?

D So spannend sind Kirchenräume

entdecken

verstehen

integrieren

1. Thematisches Stichwort

Das Thema „Kirchenerkundung" ist in den Rahmenrichtlinien nicht explizit ausgewiesen; es erschließt aber wichtige Lernziele aus den Bereichen „Kirche heute/Leben als Christ", „Symbole", „Gottesbild", „Identität", „Kirchengeschichte", „Kirchenjahr" u.v.m. Als herausgehobenes Projekt mit Exkursion wird es hier als Einheit angeboten; zugleich werden Verknüpfungsmöglichkeiten gekennzeichnet, so dass es querschnittig in verschiedene konventionelle Unterrichtseinheiten eingepasst werden kann.

Kirchtürme prägen die Ansicht der Städte und Dörfer. Viele Sch kommen tagtäglich auf ihrem Schulweg an einem Kirchengebäude vorbei. Doch für die meisten Kinder und Jugendlichen sind sie zu stummen Zeugen vergangener Zeiten geworden. Wenn überhaupt, werden sie nur als Bauwerke wahrgenommen. Nicht selten betreten Kinder beim Einschulungsgottesdienst das erste Mal eine Kirche. Nur wenige Kinder und Jugendliche erleben Kirchen als Orte, an denen sie sich heimisch fühlen können.

Dieser Zustand ist sicherlich beklagenswert, doch birgt er zugleich Chancen, Kinder und Jugendliche unvoreingenommen mit Kirchen als Orte der Quelle und des Zeugnisses vielfältiger Erfahrungen und hoffnungsstiftender Perspektiven vertraut zu machen. Kirchen sind Räume der Einkehr (des Innehaltens inmitten des Alltags), der Aktion (der „liturgisch inszenierten Begegnung mit Gott"), des Hinweises (auf verschiedene Glaubensvorstellungen, rückblickend und auf die Zukunft der Wirklichkeit Gottes vorausblickend), der Orientierung (für Fragen der Sinnfindung) und der Beziehung (von Mensch zu Gott und von Menschen untereinander im Angesicht Gottes)[1].

Als Orte der „Beziehung" laden Kirchen dazu ein, sich selbst in Beziehung zu setzen mit den vernehmbaren Geschichten und Erfahrungen der Menschen – sowohl zu denjenigen der Menschen untereinander als auch zu denjenigen der Menschen mit Gott. Sie fordern dazu auf, sich selbst „einzuschreiben"[2] und die Geschichten und Erfahrungen zu eigenen „Markierungs- und Orientierungspunkten"[3] werden zu lassen.

Insofern sind Kirchenräume und -gebäude, im Sinne von Korrelation oder von Verschränkung der christlichen Tradition und Überlieferung mit den Erfahrungen der Kinder und Jugendlichen heute, wahrhaft Lern- und Erfahrungsorte.

Diesem Anspruch kann aber das rein funktionale Betrachten eines Kirchenraumes – wie es im Religionsunterricht vielfach der Fall ist – nicht gerecht werden.

Damit Kirchenräume Lern- und Erfahrungsorte werden können, sind Wege nötig, die einerseits denjenigen, die sie aufsuchen, viel eigenen Erlebnis- und Gestaltungsspielraum lassen und andererseits die spezifische Eigenart des jeweiligen Kirchenraumes berücksichtigen. Es werden Wege nötig, die Erfahrungen von heute mit denen, die in der Kirche rückblickend oder vorausschauend lesbar sind, in Beziehung setzen können.

Am besten gelingt das im Religionsunterricht, wenn er den Sch Gelegenheiten vermittelt zu möglichst unmittelbarer Begegnung und Auseinandersetzung mit dem Bauwerk Kirche – ein Anliegen, das den Freiarbeitsgedanken bereits in sich trägt!

---

1 Nach Tessen von Kameke, Kirchenpädagogik – eine Einführung, in: Christiane-B. Julius u.a. (Hg), Der Religion Raum geben, Eine kirchenpädagogische Praxishilfe, rpi Loccum 1999, S.9.

2 AaO. S.10.
3 Ebd.

2. Intentionen

Die Sch sollen
- Kirchen als Räume der Einkehr, des Innehaltens inmitten des Alltags erleben
- Kirchen als Ort der Begegnung mit Gott kennen lernen
- Kirchen als traditionelle Gebetstätten erfahren und als Ort der gegenwärtigen Glaubenserfahrung wahrnehmen
- im Kirchenraum religiösen Dimensionen nachspüren

3. Unterrichtsvorbereitung

Theoretisch

Degen, Roland u.a. (Hg.), Lernort Kirchenraum, Waxmann Verlag, Münster 1998

Goecke-Seischab, Margarete/Ohlemacher, Jörg, Kirchen erkunden, Kirchen erschließen, Kaufmann, Butzon und Bercker, Lahr/Kevelaer 1998

Julius, Christiane-B., v. Kameke, Tessen, Klie, Thomas, Schürmann-Menzel, Anita, Der Religion Raum geben, Eine kirchenpädagogische Praxishilfe, Religionspädagogisches Institut Loccum, Rehburg Loccum 1999

Kirche – Multimedial, Ein meditativer Gang durch die Kirche (für Jugendliche und Erwachsene), in: FAMILIEN + JUGEND GOTTESDIENSTE April 1997

Klie, Thomas (Hg.), Der Religion Raum geben, Kirchenpädagogik und religiöses Lernen, LIT Verlag, Münster 1998.

Schneider, Marie Hildeberte/Stengelin, Willi, Glaube wird sichtbar und hörbar, Christliche Baukunst erzählt vom Glauben, Erzdiözese München und Freisingen, 1995

Themenheft „Lernort Kirche", ru 17 (1987)

Themenheft „Kirchen erkunden – Kirchen erleben", ru 24 (1994)

Themenheft „Erlebnisraum KIRCHE", Reliprax 19, Hg. A. Hindriksen, Bremen (1996)

Themenheft „Ausserschulische Lernorte", Religionspädagogische Hefte 3 (2000)

Praktisch

Die folgende Übersicht soll dazu beitragen, zunächst selbst eine Kirche in ihrer spezifischen Eigenheit zu erkunden und mit dem Gebäude vertraut zu werden. Dies ist Voraussetzung für die Bestückung der Lerntheke (▶ s.u.) – insbesondere mit den speziellen Informationsmaterialien zu dem untersuchten Kirchengebäude – und die Ausarbeitung der Erkundungsaufträge. Die Aspekte können zudem helfen, einen Überblick über mögliche thematische Anknüpfungspunkte für den Unterricht zu erhalten. In höheren Jahrgangsstufen (ab Klasse 9) könnten sie im Rahmen der Freiarbeit von den Sch selbst erarbeitet werden:

a) Standort der Kirche (einsam, zentral, auf dem Berg…), gesellschaftliches Umfeld und Anbindung (z.B. Kindergarten, Altenheim etc.)

b) Name der Kirche und Bedeutung/Absicht („Matthäus-Haus", „Paulus-Kirche"), evtl. Name der Straße („Paulusstraße")

c) Geschichtlich herausragende Ereignisse im Zusammenhang mit dieser Kirche (z.B. ehemaliges Franziskanerkloster)

d) Kunstgeschichtliche Aspekte – die Kirche als Spiegel ihrer Zeit

e) Besonderheiten des speziellen Kirchengebäudes und des Kirchenraumes (z.B. schlichter funktionaler Gottesdienstraum)

f) Besonderheiten im Kirchengebäude (Turm, Krypta, besonderes Taufbecken…)

g) Vorkommen von Symbolen (Wasser, Licht, Brot, Wein, Zelt, Tisch, Hand, Kreis...), Sakramenten

h) Kirchenjahrbezogene Inhalte (passende Darstellungen, auch Farben), z.B. zu:
   - Advent/Weihnachten (z.B. Krippenfiguren)
   - Passion (z.B. Kreuzweg, Hungertuch), Ostern, Himmelfahrt, Pfingsten
   - Erntedank
   - Allerheiligen, Allerseelen, Ewigkeitssonntag...

i) Darstellungen zu Texten aus Altem Testament und Neuem Testament

j) Bezüge zu Themen (Gottesbilder, Christusbilder, Engel, Mit Gott reden...)

k) Darstellungen von Heiligen (Franziskus, Elisabeth), von Legenden bzw. zu „beeindruckenden Persönlichkeiten des Glaubens" (A. Schweitzer, M. Luther)

l) Darstellungen zu Wirkungs- bzw. Kirchengeschichte

m) Betrachtung des Kirchengebäudes als ein die Einzelelemente integrierendes und in Beziehung zueinander setzendes Gesamtkunstwerk

n) Hinweise auf das Leben der Gemeinde in der Kirche (Was wird vom Leben der Gemeinde durch den Raum, durch das Kirchengebäude deutlich? Z.B. Plakate von Familiengottesdiensten; Ausstellungen von bzw. über Gemeindegruppen, über Projekte, Partnerschaften; Gemeindebrief, Schaukasten ...)

o) Hinweise (Erfahrungen) zu Gottesdienst und Liturgie in dem Raum

4. Orientierungsseite

Wo können *welche* Freiarbeitselemente *was* leisten?

Phase	Inhalte	FA-Elemente	FA-Materialien
Einstieg	**Ankommen und sich einfinden**	Kirchenraum mit allen Sinnen erkunden Lieblingsplatz suchen	M 1a+b M 2
Erarbeitung 1	**Kirchenraum erleben**	Erkundungsaufträge in freier Sozialform: Farbimagination Raum ertasten Klanggespräch Abdrücke in Goldfolie Raum vermessen Stellen von Bildern	M 2 Arbeitsblatt (Zusatzblatt M 5) dazu: Arbeitsaufträge M 3
Erarbeitung 2	Details erkunden	Texte bearbeiten	und Arbeitsaufträge M 4
Vertiefung	**Kirchenraum als Gesamtkunstwerk und Gotteshaus erleben**	Kirchennamen finden/diskutieren Selbstgestaltete Kirchenführung	M 2 Arbeitsblatt

5. Erläuterungen zu den Freiarbeitsvorschlägen „Kirchenerkundung"

Zwei grundsätzliche Erkundungswege sind denkbar:

– Die Sch besuchen in kleinen Gruppen arbeitsteilig unterschiedliche Kirchengebäude in Schulnähe oder im Wohnumfeld während des Religionsunterrichts oder auch in der unterrichtsfreien Zeit.

– Die Lerngruppe untersucht gemeinsam – möglichst in ökumenischer Kooperation – als einen außerschulischen Lernort ein Kirchengebäude.

Für den Einstieg in das Thema Kirchenerkundung unter Aufnahme von Arbeitsformen der Freiarbeit ist der zweite Weg empfehlenswert und wird daher hier weiter ausgeführt.

Der Zeitbedarf ist abhängig von der Ausgestaltung der Kirche, der Zusammensetzung und dem Vorwissen der Lerngruppe und der unterrichtlichen Einbettung. Er sollte jedoch mindestens vier Unterrichtsstunden umfassen.

Die Kirche muss für die Exkursion vorbereitet sein. L richtet eine *Lerntheke* ein:

Ausstattung der Lerntheke Kirchenerkundung:

Erkundungsaufträge

1. Arbeitsblatt M 2 für alle
2. Aktionskarten M 3 (je nach Gruppenstärke: je zwei oder drei)
3. Aktionskarten M 4 (je nach Gruppenstärke: je zwei oder drei)

Erkundungskiste

30 Teelichter
30 Glasschälchen für Teelichter
Streichhölzer
Musikinstrumente/Orff/Glocken
Goldfolie
Architektenpapier, schwarzer Karton
(DIN A5)
Leere Blätter, Bundstifte, Wachsmalstifte
Tücher, Schals
Taschenlampe

Zollstock/10 m Maßband
Kompass
Gesangbücher, Karten mit Psalmversen
Seil
Schere, Kleber

Nachschlagemöglichkeiten für entstehende Fragen

Lexikon,
Bibel, Gesangbuch, evtl.:
Zusatzblatt M 5 für alle
Symbollexikon
Handbuch: Kirchen erschließen,
Kirchen erkunden, Margarete Luise
Goecke-Seischab, Lahr 1998
Literatur zur Kunst- und Kirchengeschichte

Wissenswertes über das Kirchengebäude

Stadtführer
Stadt-/Dorfgeschichte
Kirchenführer
Namen und Aufenthaltsort möglicher
Ansprechpartner
(Geistliche, Jugendmitarbeiter, Küster …)
Fachinformationen über Besonderheiten
der Kirche (Lutherrose …)

Ankommen und sich einfinden

Zu Beginn ist es entscheidend, die Sch emotional mit dem für sie mit Unsicherheiten und unterschiedlichen Gefühlen besetzten Raum vertraut zu machen und ihnen Zeit zur ganzheitlichen Wahrnehmung und zum Einfinden zu geben.

Die Kirchenerkundung beginnt daher mit der Aufforderung (auch als **Aktionskarte ▶ M 1a inkl. b,** die dann jedem Sch ausgeteilt sein/werden müsste), einzeln den Raum genau zu betrachten, Geräusch und Stille wahrzunehmen, zu riechen und zu spüren… (Zeitbedarf 10 Minuten).

Anschließend entzünden Sch an einer Kerze ein Teelicht, stellen es in eine kleine Glasschale und suchen sich einen „Lieblingsplatz" im Kirchenraum, an dem sie sich besonders wohl und geborgen fühlen. An dieser Stelle platzieren sie ihr Teelicht auf dem Boden (Auf Brandgefahr achten!). Nachdem sie sich ca. fünf Minuten dort aufgehalten haben, sprechen sie mit ihren Nachbarn kurz über ihre Wahl (auch als **Aktionskarte ▶ M 1b**; Zeitbedarf 10 Minuten).

Hinweis: Die einzelnen Phasen sollten von/ vom L mit einer Klangschale, Glocke oder Triangel eingeleitet und beendet werden.

Eindrücke sammeln – sich auseinandersetzen

L verteilt und erläutert die „Hinweise zur Kirchenerkundung" (▶ **Arbeitsblatt M 2**) und weist zudem auf die Unterteilung und die Angebote der ▶ **Lerntheke** hin (s.o.).

Damit beginnen zwei freiarbeitliche Erkundungsphasen:

Eindrücke sammeln
Auf den **Aktionskarten M 3** sind Erkundungsaufträge formuliert, die dem einzelnen Sch einen ganzheitlichen Zugang zu Einzelheiten des Raumes ermöglichen. Die Wahl der Sozialform (Einzel-, Partner- oder Gruppenarbeit) bleibt den Sch überlassen (Zeitbedarf: 30 Minuten). Dabei sind die Erkundungsaufträge auf den Aktionskarten als Beispiele zu verstehen, die L je nach örtlichen Gegebenheiten variieren, neu gestalten, erweitern sollte. Hierzu eine Liste von Anregungen:

Mögliche Erkundungsaufträge:
Den Raum erleben durch eigene – an den Sinnen orientierte – „Gestaltung"/„Feier":

sehen
– bewusstes Betrachten eines Bildes, eines Gegenstandes, eines architektonischen Ausschnittes, von Gewändern und liturgisch bedeutsamen Gegenständen etc.

– ein Detail (z.B. Bild, Plastik, Ornament) mit einem oder mehreren Teelicht beleuchten
– einen Bildausschnitt o.ä. mit Bleistift, Ölpastellkreiden, Temperafarbe, Abpausen, Durchrubbeln einer Inschrift, eines Steines etc. mit Wachsmalern abzeichnen

hören
– ein Lied singen und hören
– einen einfachen Kanon einüben
– Orgeltöne hören, Instrumente wie Gong, Regenmacher…
– sich mit Instrumenten (z.B. Orff) von verschiedenen Plätzen im Kirchenraum aus „unterhalten"
– einen Bibeltext von der Kanzel, dem Pult etc. vortragen und hören
– einen meditativen Text, ein Gebet sprechen und hören
– Psalmworte (sofern bekannt) einzelnen Raumausschnitten zuordnen und dann laut vorlesen
– das Vater-Unser sprechen oder singen
– Stillephase.

riechen, schmecken
– Weihrauch riechen
– Brot teilen

spüren, fühlen, begehen
– eine/mehrere Kerzen an bestimmten Stellen entzünden und die entstehende Atmosphäre wirken lassen
– mit Blumen die Kirche schmücken
– Rosen an ein Kreuz legen
– einen Tanz tanzen
– mit geschlossenen Augen Gegenstände, Steine, unterschiedliche Materialien fühlen
– sich führen lassen von einem Freund…
– Abdrücke in Papier, Goldfolie, Ton etc. herstellen
– den Raum bewusst begehen, z.B. Übergang von „außen" nach „innen" wahrnehmen, bewusst durch die Tür hereinkommen, Durchblicke der Fenster wahrnehmen; den Weg vom Dunkeln ins Helle gehen; Höhe spüren, Turmbesteigung, einen Weg zu bestimmten

Stationen (Taufstein, Altar) gemeinsam gehen, evtl. im Pilgerschritt
- sich in eine Plastik, Figur, Säule etc. hineinfinden, nachspüren, was diese in den vergangenen Zeiten alles erlebt hat, was sie jetzt erlebt und sie noch erleben wird
- sich durch die Augen der Person z.B. selbst betrachten und sich selbst etwas Tröstendes, Ermutigendes etc. zusprechen

Erkundung eines Details
Diese Erkundungsphase legt im Vergleich zur vorhergehenden einen stärkeren Akzent auf die kognitive Erarbeitung eines Details bzw. die Anknüpfung an ein Thema des bisherigen Religionsunterrichtes. Die Erkundungsaufträge (▶ **Aktionskarten M 4** als *Beispiele!*) sind in hohem Maß von dem Kirchengebäude, seiner Ausstattung und seinen Besonderheiten sowie den unterrichtlichen Voraussetzungen abhängig. Daher seien hier wiederum weitere Vorschläge zur individuellen Anfertigung weiterer/alternativer Aktionskarten genannt (Zeitbedarf: 45 Minuten):

○ Beim ersten Begehen des Raumes (allein oder zu zweit) Fragen, Gedanken, Assoziationen auf Kärtchen notieren und an die entsprechenden Stellen im Raum legen; gemeinsames Nachdenken darüber
○ Den Kirchenraum und die Säulen ausmessen
○ Den Grundriss der Kirche, vorgegeben oder selbst gezeichnet, mit einem Seil legen, gefundene Stellen eintragen, gegangene Wege (z.B. vom Dunkel zum Licht) einzeichnen, mit einem Teelicht markieren
○ Kirchennotizen schreiben: Erfahrungen verschriftlichen, Zeichnungen, Karten, etc.
○ Den Grundriss etc. eintragen bzw. einkleben
○ Such- bzw. „Forscheraufgaben": „Suche etwas zu unserem Thema:.... "
○ Bildausschnitte (Foto) wiederfinden
○ Nachstellen von Szenen (Standbilder; einzeln oder mit mehreren)
○ Ein Bild in Metallfolie drücken, Kirchenfassade oder Inschriften in Folie drücken
○ Durchgepauste Inschriften nachzeichnen

○ Steinmetzzeichen suchen und abzeichnen
○ Kreuzwegstationen selber gestalten
○ Totentanz aktualisieren
○ Aus Bauklötzen die Architektur der Kirche nachbauen
○ Entdecken und Vermessen mit Zollstock, Taschenlampe, Fernglas, Lupe, Kompass

Die Kirche als Gesamtkunstwerk und Gotteshaus wahrnehmen

Namensgebung
Das Arbeitsblatt M 2 sieht nach den Erkundungsphasen eine besondere Art der Auswertung vor: Die Sch geben der erkundeten Kirche einen eigenen Namen.

Bevor die Ergebnisse und Erfahrungen zusammengetragen werden, stellen sich die Sch in Kleingruppen (drei bis fünf Sch) ihren Namen für die Kirche gegenseitig vor und begründen den anderen ihre Wahl. Die Gruppen können auch versuchen, sich auf einen gemeinsamen Namen zu einigen. (Zeitbedarf 20 Minuten)

Selbstgestaltete Kirchenführung
Die Zusammenfassung findet in Form einer selbstgestalteten Kirchenführung statt. Die Sch stellen bei den einzelnen Stationen jeweils ihre beiden (Erkundungsauftrag 1 und 2 ▶ **Aktionskarten M 3 und M 4**) Erfahrungen oder Ergebnisse vor. Da, wo es sich anbietet und genügend Material vorhanden ist, leiten sie ihre Mitschüler zur Wiederholung ihrer Aufgabe an.

L muss in dieser Phase darauf achten, die Verbindung der einzelnen Elemente zueinander und zum Thema der Kirche („Kirche als Gesamtkunstwerk") herzustellen. Die erdachten Namen der Sch können dabei hilfreich sein. (Zeitbedarf 45 Minuten)

Sind wichtige Elemente von den Sch nicht erarbeitet worden – die Sch haben ja bei der Freiarbeit freie Wahl der Themen (!) –, sollte dies im nachfolgenden „normalen" Unterricht nachgeholt werden.

Eine größere Grundrisszeichnung der Kirche, in der die Ergebnisse eingeklebt werden, ist ein brauchbares Protokoll für die Weiterarbeit.

Zum Abschluss wird der Kirchenraum in seiner Bedeutung als Gotteshaus, als Raum der liturgisch inszenierten Begegnung mit Gott, der Einkehr, der Klage, des Lobes und der Fürbitte, wahrgenommen.

Kerzen, leise Musik und Stille, ein Stuhlkreis und ein Lied bzw. ein vorgelesener besinnlicher Text bilden einen feierlichen Rahmen.

Wenn die Sch schon Erfahrungen mit Stilleübungen besitzen, kann diese kleine Feier mit einer ca. fünfminütigen Ruhephase eingeleitet werden. Die Sch setzen sich dazu aufrecht auf den Stuhl, legen die Arme entspannt auf ihre Oberschenkel, schließen die Augen und lassen ihren Gedanken freien Lauf. L beginnt und beendet die Meditation mit dem Anschlagen einer Triangel oder Klangschale.

Anschließend gehen Sch, die sich dazu bereit erklären, nacheinander zu dem von ihnen gewählten Platz und tragen ihre selbst geschriebenen Gebete oder Psalmverse (▶ **die letzte Aufgabe auf dem Arbeitsblatt M2!**) vor. Tragen Sch Klagepsalmverse oder Gebete vor, die auf bedrückende Erlebnisse oder Stimmungen schließen lassen, ist es notwendig, sich als L dem Sch auf dem Rückweg zur Schule als Gesprächspartner anzubieten, auch um gegebenenfalls weitere den Sch unterstützende Maßnahmen planen zu können.

Mit einem gemeinsam gesprochenen Psalm (z.B. Psalm 23) kann die Kirchenerkundung beendet werden.

Ausblick

Kirchenerkundungen im hier beschriebenen Sinn eröffnen motivierende und kreative Zugänge zu verschiedenen Themen und Inhalten. Einige wurden für Erkundungen vor Ort im Raum der Kirche vorgestellt. Andere benötigen mehr Zeit, aufwendigeres Material oder andere räumliche Voraussetzungen. Sowohl im Religionsunterricht als auch im Kunstunterricht können Aktivitäten folgen, die sich als Vertiefung oder Weiterführung der begonnenen Auseinandersetzung verstehen.

Neben der inhaltlichen Fortführung im Religionsunterricht (auch in verwandten Themenbereichen wie Kirche und Gemeinde, Konfessionen, Ökumene u.a.) seien hier abschließend Anregungen für eine kreative Nachlese der Kirchenerkundung gegeben:

- Töpfern: z.B. Engelsfiguren, Teufelsdarstellungen (vergleichen).
- Fensterrosetten falten (schwarzes Tonpapier), mit Transparentpapier hinterkleben.
- Kirchenfenster aus farbigem Pergaminpapier herstellen (nach Vorlage oder eigene).
- Ein Glasbild malen.
- Mit Gips, Ton, Holz, Abfallmaterialien bestimmte Szenen, Gegenstände etc. nachbilden.
- Ytong-Steine bearbeiten.
- Eine Wunschkirche planen.

Aktionskarte:
Sich im Kirchenraum einfinden   M 1

Wenn ihr die Kirche betreten habt, hast du zunächst zehn Minuten Zeit, „anzukommen"!

– Gehe in dieser Zeit ganz für dich still durch den Raum und begegne ihm auf
  deine Weise.

– Du kannst
 - **sehen,** betrachten: das Gebäude/den Raum als Ganzes, Bilder, Architektur, Farben,
   Helligkeit/Dunkelheit ..., ohne den Blick auf etwas Bestimmtes lenken zu wollen...
   mit einer Taschenlampe dunkle Stellen beleuchten
   auf dem Boden liegend den Raum in seiner Höhe betrachten
 - **hören:** auf die dem Raum eigenen Geräusche, die Stille...
 - **riechen/schmecken:** die dem Raum eigenen Gerüche...
 - **spüren:** die Atmosphäre des Raumes, Kühle, Wärme...
 - **fühlen,** befühlen: Säulen, Steine...

Nun suche dir auf folgende Weise deinen persönlichen Lieblingsplatz:

– Lass dir ein Teelicht geben und entzünde es.

– Geh mit dem Teelicht durch die Kirche, bis du deinen Lieblingsplatz entdeckst.

– Dort stell dein Teelicht auf den Boden! Bleibe noch eine Weile!

– Dann erzähle einem Partner von deinem Lieblingsplatz (wo? warum?)

Aktionskarte:
Den Kirchenraum erkunden

M 2

Beachte folgende Hinweise:

– Bearbeite zuerst eine **Aktionskarte M 3**, danach eine **Aktionskarte M 4** deiner Wahl!

– Die auf den Aktionskarten angegebenen Materialien findest du an der Lerntheke. Bringe sie sofort zurück, sobald du sie nicht mehr benötigst!

– Entscheide, ob du allein, mit einem Partner oder in einer Gruppe arbeiten möchtest. Sprich gegebenenfalls andere Sch an oder bitte L, eine Gruppe zu bilden!

– Wenn sich Fragen ergeben, suche zuerst in den ausliegenden Nachschlagewerken, Bibeln und Informationsschriften über die Kirche nach Antworten. Erst wenn du nicht weiterkommst, frage L nach Rat!

– Bearbeite deine Aufgaben so, dass du deinen Mitschülern im Rahmen einer „Kirchenführung" die von dir untersuchten Dinge erklären oder mit ihnen zusammen durchführen kannst!

– Wenn du deine Aufgaben erledigt hast, melde dich bei L!

– Bearbeite die beiden nachfolgenden Arbeitsaufträge am Ende deiner Erkundung:

a) Aufgabe: Gib der Kirche einen neuen Namen, der ausdrückt, wie du dich in ihr fühlst, was du herausgefunden hast oder was dir besonders positiv bzw. negativ aufgefallen ist.

Ich nenne die Kirche _____

b) Aufgabe: Suche einen Psalmvers (Lerntheke: Zusatzblatt M 5, Liederbuch oder Gesangbuch) aus, der dich in diesem Moment anspricht, oder schreibe ein eigenes kurzes Gebet, eine Bitte, ein Lob oder eine Klage und überlege dir, an welcher Stelle in der Kirche du den Text am liebsten sprechen möchtest. Lege dort ein Blatt mit deinem Text ab!

Aktionskarte:
Liturgische Farben und Antependien   M 3a

Material: vier Karteikarten, Bleistift

– Suche dir einen ruhigen Platz in der Kirche, schließe die Augen und stelle dir eine der folgenden Farben in Gedanken vor. Lass dir dabei Zeit! Es tauchen Bilder auf, Erlebnisse, Stimmungen und Gefühle, die mit der Farbe zu tun haben…

Rot   Grün   Violett   Weiß

Öffne die Augen und schreibe die Bilder und Stimmungen, die dir vor Augen gekommen sind, auf Karteikarten.
– Wiederhole die Übung nacheinander mit den anderen Farben.
Vergleiche deine Eintragungen auf den Karteikarten mit der Bedeutung der liturgischen Farben (siehe Sachinformation)!
– Welche Farbe haben das Altartuch oder der Kanzelbehang (Antependium) heute?

Sachinformation: Die Bedeutung der liturgischen Farben

weiß:	Christusfeste (Weihnachten, Ostern, Epiphanias), sowie Feste Marias und der Heiligen
rot:	Pfingsten, Konfirmation und Märtyrerfeste
violett:	Buß-, Vorbereitungs- und Fastenzeiten (Advents-, Passionszeit)
grün:	Alle Sonntage außerhalb der Festkreise
schwarz:	Karfreitag, Karsamstag

Aktionskarte:
Den Raum erfühlen und ertasten   M 3b

Material: Augenbinde

– Suche dir einen Partner! Wenn es warm genug ist, kannst du die Schuhe ausziehen.
– Lass dir nun mit einem Schal die Augen verbinden und dich langsam von deinem Mitschüler durch den Raum führen. (Du kannst deine linke Hand auf seine Schulter legen). Nimm die Geräusche, die Wärme oder Kälte und die Gerüche wahr!
– Deine Begleitung führt dich zu Säulen, Figuren, Schnitzereien, Tüchern, Türgriffen… Ertaste diese Dinge mit deinen Händen. Versuche herauszufinden, um was es sich handelt.
– Nach 10 Minuten nimmst du die Binde ab. Kannst du den Weg beschreiben, den ihr gegangen seid?
– Langsam schreitet ihr ihn noch einmal gemeinsam ab.
– Nun wechselt ihr die Rollen. Du darfst dir einen Weg ausdenken und führen.

Aktionskarte:
Klanggespräch

M 3c

Material: Musikinstrument oder Glocke

- Wähle an der Lerntheke ein Instrument oder eine Glocke aus und lass es/sie an verschiedenen Stellen in der Kirche erklingen.
- Wenn du einen Ort gefunden hast, an dem der Klang besonders schön ist, bleibe dort und probiere ihn mehrfach aus.
- Sind noch andere Sch mit Instrumenten unterwegs, nimm mit ihnen „musikalischen" Kontakt auf, indem du auf ihre Klänge antwortest. Vielleicht ergibt sich ein schöner Rhythmus oder sogar ein Lied.

Aktionskarte:
Abdrücke in Goldfolie erstellen

M 3d

Materialien: 1 Bogen Goldfolie, schwarzer Karton, Klebestifte, Bleistift, Filzstift (gold)

- Gehe durch die Kirche und suche dir ein Ornament, eine Skulptur, eine Schnitzerei oder Ähnliches und stelle mit einem Stück Goldfolie einen Abdruck her.
  Lege dazu die Goldfolie auf einen von dir ausgesuchten Teil der Abbildung und drücke dann die Folie – in der Mitte beginnend – vorsichtig mit der Hand an. Arbeite so lange, bis die gewünschte Form sichtbar wird. Feinere Teile können mit einem Bleistift (stumpfe Seite) ausgearbeitet werden.
- Klebe den Abdruck anschließend auf einen schwarzen Karton.
- Überlege dir einen Titel für dein Kunstwerk und schreibe ihn mit goldener Schrift auf den Karton.

Aktionskarte:
Licht und Dunkelheit

M 3e

Materialien: Bleistift, weißes DIN-A4-Blatt, Bibel
In der Kirche gibt es helle und dunkle Bereiche.
- Suche zuerst die dunkelsten Stellen (mindestens drei) auf. Bleibe dort einen Moment. Wie fühlst du dich, was siehst du, wo möchtest du gerne hingehen?
- Begib dich nun zu der hellsten Stelle. Wie fühlst du dich an diesem Ort?
- Nun gehe zur dunkelsten Stelle und gehe langsam von dort zur hellsten Stelle der Kirche. An welchen Dingen kommst du vorbei?
- Trage anschließend den Weg von der Dunkelheit in die Helligkeit in eine aus der Hand gezeichnete Grundrissskizze der Kirche ein!
- Schraffiere in der Skizze die hellen Stellen der Kirche mit Bleistiftstrichen!
- Lies in der Bibel Johannes 8, 12!

Aktionskarte:
Den Raum vermessen   M 3f

Materialien: Bandmaß, Papier (DIN A4 und DINA2), Bleistift

– Möglichst zusammen mit einem Partner zeichnest du zuerst einen Grundriss
  des Kirchenraums auf ein Blatt Papier.
– Mit einem Bandmaß messt ihr nun alle Wände genau ab und tragt die Maße in eure
  Skizze ein. Anschließend fertigt ihr auf einem großen Blatt Papier eine maßstabsgetreue
  Grundrisszeichnung an.
– Hast du in Mathematik schon den *ggT*, den größten gemeinsamen Teiler,
  durchgenommen? Wenn du weißt, wie er berechnet wird, überprüfe, ob einige eurer
  Wandmaße einen *ggT* besitzen. Ihr dürft die Werte ruhig etwas runden.
– Solltest du einen *ggT* gefunden haben, teile die einzelnen Wandmaße durch
  diesen Wert und notiere die Ergebnisse.

Sachinformation: Zahlen

Zahlen besaßen früher für die christlichen Baumeister eine symbolische Bedeutung.
In dem Buch „Kirchen erschließen, Kirchen erkunden" von M.L. Goecke-Seischab findest
du auf den Seiten 26 bis 28 dazu und zu einzelnen Zahlen interessante Informationen.

Aktionskarte:
Standorte ermitteln   M 4a

Materialien: Wachsmalstift, weißes Papier, Kirchenführer (falls vorhanden)

– Gehe nacheinander zu dem Taufbecken, dem Altar, der Kanzel und der Orgel.
  Zeichne den Grundriss der Kirche und trage ihre Standorte ein, indem du die Namen
  an die entsprechende Stelle schreibst.
– Sieh dir nun den Altar genauer an! Zeichne seine Umrisse! Schreibe alle Abbildungen,
  die du beim Altar findest, auf. Wenn du etwas nicht erkennst, schlage im Kirchenführer
  nach oder frage einen Kirchenmitarbeiter bzw. L.
– Wenn dir etwas besonders gut gefällt, zeichne es nach! Gemeißelte Schriftzüge,
  Inschriften oder Ornamente kannst du durchpausen. Versuche sie mit einem Blatt Papier
  und einem Wachsmalstift abzurubbeln.

Aktionskarte:
Himmelsrichtungen bestimmen

M4b

Materialien: Kompass, Bleistift, DIN-A2 Blatt

- Zeichne zuerst einen Grundriss des Kirchenraums.
- Kannst du mit einem Kompass umgehen? Richte ihn so aus, dass die Nadel auf „Nord" steht. Bestimme die Himmelsrichtungen und trage sie in die Zeichnung ein.
- Welche auffallenden Bilder, Gegenstände, Darstellungen findest du im Osten, Westen, Süden und Norden der Kirche? Schreibe sie in die Skizze.
- Lies den Text der Sachinformation und in der Bibel Matthäus 24,27 und Offenbarung 7,2. Treffen die Aussagen auf deine Erkenntnisse zu?

Sachinformation: Himmelsrichtungen

Mittelalterlichen Kirchen waren meistens mit dem Altar nach **Osten** ausgerichtet. Beim Gebet blickten die Gläubigen somit immer der aufgehenden Sonne entgegen. Der Ostteil war dem Klerus (Priestern, Mönchen) vorbehalten.
Der **Westen** dagegen war im Denken der damaligen Menschen die Himmelsrichtung, die der aufgehenden Sonne entgegengesetzt ist. Es war die Gegend des Bösen, aber auch das Zentrum der weltlichen Macht. Kaiser, Grafen, Stifter und Erbauer sind oft an dieser Stelle begraben. Es fanden auch Versammlungen und Gerichtsverfahren dort statt.
Im **Süden** (Sonnenseite) wurden überwiegend Bildgeschichten des NeuenTestaments, im **Norden** (Schattenseite) die des Alten Testamentes dargestellt.

Aktionskarte:
Nachstellen von Gemälden

M4c

Material: Bibel, Kirchenführer

- Gehe durch die Kirche und finde ein Gemälde, ein Glasfenster, ein Relief oder eine Plastik, die dich besonders anspricht.
- Stelle die Darstellung mit anderen Sch nach! Jeder versucht, die Haltung und die Gestik einer abgebildeten Person nachzuahmen, bis das gesamte Bild dargestellt ist.
- Wenn eine genügende Anzahl Sch mitmachen, könnt ihr auch abgebildete Gegenstände (Häuser, Bäume, Berge...) mit Personen darstellen.
- Bleibt eine Zeit in dem „lebenden" Bild stehen. Jede Person berichtet nun, wie sie sich im Bild fühlt, was sie im Moment erfreut oder bedrückt und wie die anderen auf sie wirken.
- Versuche anschließend, das Thema des Bildes herauszufinden. Frage vielleicht einen Mitarbeiter der Kirche oder einen Lehrer!
- Handelt es sich um eine Bibelstelle, lies dir diese durch!

Aktionskarte:
Wissenswertes über das Kirchengebäude   M 4d

Materialien: Bleistift, Papier, Informationsschriften

– Versuche möglichst viel über die nachfolgenden Themen zu erfahren und zu notieren!
  Lies dazu in den ausgelegten Schriften an der Lerntheke (Kirchenführer, Heimatkunde-
  schriften, Stadtgeschichte …) nach und befrage die Mitarbeiter der Gemeinde (Geistliche,
  Kirchenvorsteher, Jugendmitarbeiter, Küster …).

○ Gibt es Hinweise im Raum oder außerhalb zum Namen der Kirche?
○ Zu welcher Zeit ist die Kirche gebaut worden?
○ Welchen Baustil hat die Kirche? Gibt es An- oder Umbauten?
○ Ist die Kirche aus einem besonderen Grund gerade hier hin gebaut worden?
○ Gibt es etwas Besonderes in der Kirche, das es nur hier gibt?

Aktionskarte:
Etwas aus dem Religionsunterricht
in der Kirche wiederfinden   M 4e

Materialien: Kärtchen, Bleistift

○ ein Thema
○ ein Symbol
○ eine Person
○ einen Text/eine Erzählung aus der Bibel

– Gehe durch die Kirche und schaue, ob irgendein Bild, ein Gegenstand oder
  sonst etwas dich an ein Thema, an ein Symbol, eine Person oder eine Erzählung bzw.
  einen Bibeltext aus dem Religionsunterricht erinnert.
– Wenn du etwas gefunden hast, nimm es ganz genau wahr – schaue, fühle –
  und lass deinen Gedanken freien Lauf!
– Schreibe deine Gedanken und Ideen dazu auf Kärtchen und lege sie an den
  entsprechenden Ort im Kirchenraum!

Zusatzkarte:
Psalmworte

M 5

○ Der Herr kennt den Weg der Gerechten.

○ Ich liege und schlafe und erwache, denn der Herr hält mich.

○ Auf Herr, und hilf mir, mein Gott.

○ Ich bin wie ein zerbrochenes Gefäß, sie aber schauen zu und sehen auf mich herab.

○ Du bist Sonne und wärmst mich.

○ Ich danke dem Herrn von ganzem Herzen.

○ Ich freue mich und bin fröhlich.

○ Herr, warum bist du so fern und verbirgst dich in Zeiten der Not?

○ Herr mein Fels, meine Burg, mein Erretter.

○ Gott, rüste mich mit Kraft.

○ Du gibst meinen Schritten weiten Raum.

○ Du treibst meine Feinde in die Flucht.

○ Langes Leben für immer und ewig.

○ Sei nicht fern von mir, denn Angst ist nahe.

○ Ich bin ausgeschüttet wie Wasser.

○ Der Herr ist mein Hirte, mir wird nichts mangeln.

○ Und ob ich schon wanderte im finsteren Tal, fürchte ich kein Unglück.

○ Ich werde für immer im Haus des Herren bleiben.

○ Der Herr ist mein Licht und mein Heil, vor wem sollte ich mich fürchten.

○ Ich bin geworden wie ein zerbrochenes Gefäß.

○ Deine Wahrheit reicht so weit, wie die Wolken gehen.

○ Sende dein Licht und deine Wahrheit, dass sie mich leiten.

○ Du leitest mich nach deinem Rat und nimmst mich am Ende an.

○ Aus der Tiefe rufe ich, Herr, zu dir.

○ Erforsche mich Gott und erkenne mein Herz.

○ Siehe, ob ich auf bösem Wege bin und leite mich auf ewigem Wege.

○ Ich danke dir dafür, dass ich wunderbar gemacht bin.

○ Du richtest mich auf.

○ Du hörst mein Weinen.

E Emine und Mustafa sind Muslime – Sie leben in Deutschland

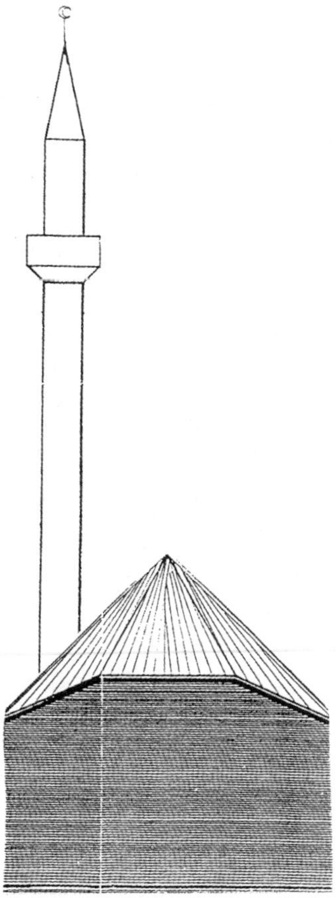

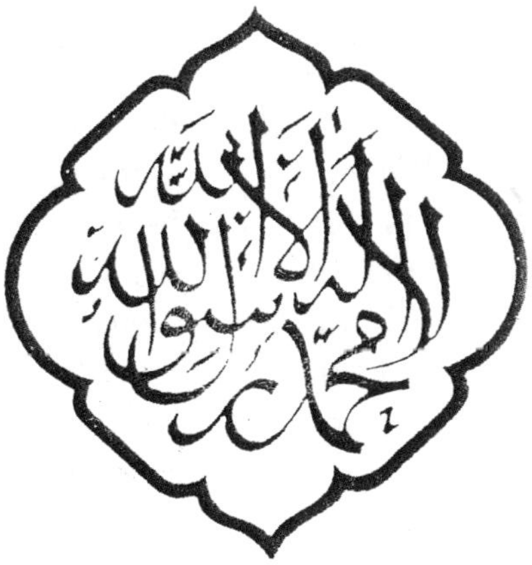

Allah – der Name Gottes

Feste im Jahres- und Lebenslauf

Pflichten der Kinder

1. Thematisches Stichwort

Interreligiöses Lernen ist zweifellos eine große Aufgabe – nicht nur, aber in besonderem Maße – des Religionsunterrichts. Im Fall des Islams legt sich die Notwendigkeit angesichts seiner wachsenden Repräsentanz in Gesellschaft und Schule besonders eindrücklich nahe*. Dass es dabei nicht ausschließlich darum geht, sich Kenntnisse der jeweils anderen Religion anzueignen, ist mittlerweile sowohl offiziellen Empfehlungen als auch praktischen Materialien für den Unterricht deutlich anzumerken.

Bereits die Beobachtung, dass der Islam im täglichen Erleben der Sch auch jenseits des Religionsunterrichts vorkommt, verspricht ideale Bedingungen für eine freiarbeitliche Behandlung des Themas bzw. von Aspekten des Gesamtthemas. Hier bieten sich vorzügliche Gelegenheiten zum interesse- und erfahrungsgeleiteten selbstständigen Erforschen und Erleben, zu individuellen Begegnungen und Gestaltungen.

Unsere Freiarbeitsvorschläge konzentrieren sich realitätsnah auf das tägliche Leben muslimischer Kinder und Jugendlicher in Deutschland; wir sind uns bewusst, dass religionskundliche Themen wie *Die Fünf Säulen* oder *Der Koran* dabei zu kurz kommen, und vertrauen darauf, dass die L hier mit ergänzenden Materialien (z.B. dem oben genannten Religionsunterrichtpraktisch-Band) weiterarbeiten.

* Heute gibt es in Deutschland über drei Millionen Glaubensangehörige meist sunnitischer Ausrichtung. Da die meisten von ihnen von türkischen Einwanderern abstammen, beziehen sich unsere Informationen vor allem auf diese Gruppe. Es sollte aber immer bedacht werden: „Der Islam ist vielstimmig" (Josef Hanimann im Feuilleton der FAZ 16.06.2001) – so wie das Christentum! Muslime sind stolz auf ihre Moscheen: es sind 66, 30 weitere sind im Bau. Daneben gibt es 2200 Gebetshäuser, die längst den Status von Fabriksnebengebäuden verlassen haben und liebevoll ausgestattet wurden. In den Koranschulen werden 7% der muslimischen Kinder unterrichtet (Stand 25.03.2000 NOZ).

2. Intentionen

Die Sch sollen
– die wichtigsten Fachausdrücke des Islam kennen lernen
– den islamischen Gottesbegriff verstehen
– nachdenken über ihnen Fremdes (Feste, Bekleidung, Speisen)
– handlungsorientiert den Fremden als Nächsten erfahren.

3. Literatur zum Thema

Akseki, Ahmet Hamdi: Islâm lernen, Islâm leben, Ein Lern- und Lesebuch für alle Schuljahrgänge, Veröffentlichungen der türkischen Religionsstiftung/19, Ankara 1996[4] (ISBN 975-389-024-9)

Basgil, Ali Fuad: Auf ein Wort, junge Leute! Aus dem Türkischen übersetzt von H. Achmed Schmiede, Veröffentlichung der türkischen Stiftung für religiöse Angelegenheiten, Ankara 1989 (ISBN 975-389-031-1)

Der Islam, 1 Begleitheft, 1 Textheft, 81 farbige Folien, zu beziehen per Nachnahme vom Religionspädagogischen Institut der Diözese Regensburg, Niedermünstergasse 2, 93047 Regensburg, Tel. 0941- 5971511, Fax 0941-5971520 (€ 25,10); dazu Arbeitsblätter zum Islam, 32 Seiten/ Kopiervorlagen (€ 1,80)

Der Koran: Übersetzung von Max Henning, VMA-Vertriebsgesellschaft, Modernes Antiquariat mbH & Co. Verlags-KG, Wiesbaden o. Jg.

Der Koran. Das heilige Buch des Islam: Übersetzung von Ludwig Ullmann, Goldmann 8613, München 1993[8]

Kirchhoff, Ilka: Meine Religion – deine Religion. Christentum – Judentum – Islam. Texte und Materialien für den ev. Religionsunterricht, Religionspädagogisches Institut Loccum, Loccum 1996

Lutherisches Kirchenamt der Vereinigten Evangelisch-Lutherischen Kirche (Hg.): Was jeder vom Islam wissen muss, Gütersloh 1991[3]

Ritter, Reinhard (Hg.): Glauben Christen und Muslime an denselben Gott? Bekenntnis. Fuldaer Hefte, Bd.34, Lutherisches Verlagshaus, Hannover 1995

Sperber, Jutta: Dialog mit dem Islam, Kleine Reihe V&R 4015, Vandenhoeck & Ruprecht, Göttingen 1999

Yücelen, Yüksel: Was sagt der Koran dazu? DTV 3281, München 1992[4] (Konkordanz zum Koran)

4. Orientierungsseite

Wo können *welche* Freiarbeitselemente *was* leisten?

Phase	Inhalte	FA-Elemente	FA-Materialien
Einstieg	**Grundkenntnisse** über den Islam aktivieren, sammeln, ordnen	Selbstständige Orientierung über den Islam mit Lexikonkartei und Fragebogen	M 1 Info „Lexikon" und „Fragebogen" mit den Aufgaben a-d (wahlweise)
Erarbeitung 1	Gott begegnen, wie Muslime **Allah** begegnen	Allein oder mit selbst gewählten Partnern einen persönlichen Zugang zum Gottesbild des Islam finden	M 2 „Der schöne Name Allahs" oder M 3 „Warum nicht 100 Namen" oder M 4 „Gebetskette"
Erarbeitung 2	Einblicke ins **Leben** und Feiern von Muslimen gewinnen	„Lernzirkel": Stationen des Lebens/des Jahres erkunden s.a. Zusatzblatt	M 5 Geburt/Beschneidung mit den Aufgaben a/b (wahlweise) *und* M 6 Hochzeit/Tod mit den Aufgaben a/b (wahlweise) *und* M 7 Pflichten der Kinder mit den Aufgaben a/b (wahlweise) *und* M 8 Kopftuch mit den Aufgaben a/b (wahlweise) *und* M 9 Ramadan mit den Aufgaben a/b (wahlweise) *und* M 10 Opferfest mit den Aufgaben a/b (wahlweise)
Ergebnissicherung	Zusammen essen und feiern	Projektarbeit: Ein gemeinsames (Fest)Essen vorbereiten und durchführen	M 11 „Essen und Feiern" mit den Aufgaben a oder b (2 Gruppen)

5. Erläuterungen zu den Freiarbeits-Vorschlägen

Alle Materialien eignen sich für Stationenarbeit. Sie können aber auch einzeln herausgegeben werden, z.B. ▶ **M 2** zum Einstieg in das Thema. Ein Besuch in der Moschee oder einem Gebetsraum der Muslime kann manches Material überflüssig machen, wird aber auch hilfreich sein, wenn das Gespräch stockt. Wenn sich eine muslimische Mutter bereit erklärt in den Unterricht zu kommen, bekommt die Einheit nochmals eine authentischere Note – bis hin zu dem ganz praktischen Aspekt, dass sie vielleicht typische Kekse des Fastenbrechens mitbringt und/oder Rezepte verglichen werden können.

Was ein muslimischer Schüler über seine Religion weiß (Grundkenntnisse)

Die richtigen Antworten für den Fragebogen:

Wer hat dich erschaffen?
    Gott, der Allmächtige.
Was bist du?
    Ich bin Muslim.
Wem dienst du?
    Ich diene nur Gott.
Wer ist dein Prophet?
    Muhammed, aleyhisselâm.[1] (1 S. Fußnote S. 110!)
Wo wurde der Prophet geboren?
    In der Stadt Mekka.
Wann floh er von Mekka nach Medina?
    Im Jahr 622 (Beginn der Zeitrechnung).
Wie alt war er, als er starb?
    63 Jahre.
Wie viele Muslime gibt es weltweit?
    Über 800 000 000.
Wie heißt das Offenbarungsbuch des Islam?
    Der Erhabene Koran.
Was ist der Koran für ein Buch?
    Er ist das Buch Gottes. Er enthält nur Worte Gottes.
Wer hat uns den Koran gebracht?
    Unser Prophet Muhammed, aleyhisselâm.

Natürlich wissen muslimische Sch auch nicht alles, was hier beantwortet werden soll. Man kann Sch aber sagen, dass es sich um einen Originaltext für muslimische Sch handelt, vielleicht spornt das an. Ein Vorschlag zur Ergebniskontrolle/-sicherung: Am Ende der Einheit füllen Sch. den Fragebogen ▶ **M 1** noch einmal aus; so wird feststellbar, was sie gelernt haben.

Die Sch arbeiten in kleinen Gruppen an jeweils einer Aktionskarte; jede Aktionskarte sieht eine anschließende Auswertung im Plenum vor, für die entsprechend Zeit einzuplanen ist.

Der Fragebogen und auch die **Infokarte M 1** „Lexikonkartei" müssen vorab in ausreichender Anzahl kopiert werden (Fragebogen für jede/n Sch und zusätzlich für jede Arbeitsgruppe; Kartei – möglichst vergrößern und auf leichte Pappe kopieren! – mindestens einmal pro Arbeitsgruppe).

Aktionkarte M 1b. „Interview" kann nur zum Einsatz kommen, wenn die Mitglieder dieser Arbeitsgruppe die Möglichkeit haben, im Rahmen ihrer Arbeit muslimische Mitschüler zu befragen. Sonst sollte auf b. verzichtet werden.

Möglich ist auch – außerhalb einer Stationenarbeit – allen Sch den Interview-Auftrag als Hausaufgabe zu stellen und in der Stunde eine gemeinsame Auswertung vorzunehmen.

Allah

Der Islam hat, anders als das Christentum, einen ganz strengen Monotheismus: Allah ist einzigartig, er ist einer. Auch das Christentum versteht sich als monotheistische Religion, aber hier wird Gott nach der Trinitätslehre dreigliedrig gedacht: Gott Vater, Sohn und heiliger Geist.

Allah 1: Der schöne Name Allahs

Es gibt keine theologischen Bedenken, die Sch den Schriftzug „Allah" schreiben zu lassen (und damit wohl auch mal verkehrt).

Mit einem scharfen Messer lassen sich Bambusstäbchen, die etwas dicker als Strohhalme sein sollten, leicht schneiden. Diese Stifte ermöglichen eine schwungvolle Schreibweise – ausprobieren! Man sollte aber auch zu Hause vorüberlegen, ob man seiner Lerngruppe zutraut, mit Scriptol umzugehen. Wasserfarbtöpfchen mit dunkler Farbe lassen sich als Tintentopf nutzen, wenn man mit Wasser eine tintenähnliche Flüssigkeit herstellt.

Allah 2: Warum nicht 100 Namen?

Zu dieser Aufgabe sollte ein Korantext vorhanden sein.

Allah 3: Gebetskette

Diese Aufgabe steht und fällt natürlich damit, ob eine Gebetskette zur Verfügung gestellt werden kann; im Idealfall werden islamische Mitschüler in den Unterricht eingeladen, die ihre Kette zeigen und darüber sprechen mögen.

Leben und Feiern

Hier schlagen wir einen Lernzirkel vor, dessen sechs Stationen alle Sch in Kleingruppen absolvieren sollen. Sie erarbeiten dabei wichtige Lebensstationen ihrer muslimischen Mitschüler und wählen dazu selbst (an den Stationen) den ihnen gemäßen Zugang. Am praktischsten ist es, wenn die Gruppen die Stationen in beliebiger Reihenfolge besuchen (je nachdem, wo „frei" ist) – zur Systematisierung tragen sie die jeweiligen Arbeitsergebnisse in einen Laufzettel ein (▶ **Zusatzkarte „Laufzettel"**), der jeder Gruppe/jedem Sch zu Beginn der Zirkel-Arbeit ausgeteilt wird. Am Ende des Zirkels kann er als roter Faden der Auswertung verwendet werden, was aber nicht bedeutet, dass nicht die Ergebnisse auch im Einzelnen präsentiert und beachtet werden müssen.

Muslime feiern zwei religiöse Feste im Jahreslauf und vier im Lebenslauf. Schauen wir uns die einzelnen Stationen kurz an:

Geburt und Beschneidung

Beide Feste werden eher privat gefeiert und haben doch für die Familie, und damit für unsere muslimischen Sch, eine große Bedeutung. Gerade die bei der Geburt so früh dem Kind zugesprochenen Koran-Segensworte zeigen, wie stark die Worte Allahs auch intime Situationen bestimmen, sie wertvoll machen. Das muslimische Kind gehört sofort nach der Geburt zur Gemeinde und steht unter Allahs Schutz. Ob das auch gegen Kinderlähmung hilft, kann diskutiert werden.

Die Beschneidung wird heute entweder ambulant oder in der Klinik von einem (möglichst muslimischen) Arzt vorgenommen. Die Eltern sind oft dabei.

Hochzeit und Tod

Schön wäre es, wenn ein Sch von der Hochzeit der Schwester oder des Bruders erzählen könnte. Oder der Hodscha wird eingeladen. Der hat schon viele Feste gesehen und oft mitgefeiert. Gibt es möglicherweise eine Kollegin, die bei der Studienreise Türkei eine Hochzeit erlebt hat?

Für die Schülerarbeiten müssten idealerweise Bilder und Materialien ausgelegt werden, die islamische wie christlich Hochzeits-/Beerdigungsbräuche veranschaulichen [Fotos aus Illustrierten, Anzeigen und Foliothek Islam (s. S. 105)].

Väterliche Ermahnungen

Im Sinne moderner Muslima sind natürlich auch mütterliche Ermahnungen gemeint. Hier müssen Bibeln zur Verfügung stehen.

Das Kopftuch

Der Film „Nazmyies Kopftuch" wirkt zwar etwas betulich (das ergibt sich auch durch die ungeübten Darsteller und Darstellerinnen), eignet sich aber immer noch, um die Situation zu vertiefen: Die türkische Sch Nazmyie wird von einem deutschen Sch gehänselt, weil sie als muslimische Frau (religiöse Pflicht) ein Kopftuch trägt. Es kommt zu Spannungen, aber zum Schluss zu einem Happy End.

Ramadan

Ramadan ist die religiöse Handlung, die auch nicht religiös eingestellte Muslime beachten. Sie gehen vielleicht nicht zum Freitagsgebet, beten nicht einmal die vorgeschriebenen täglichen Gebete – aber das Fasten machen sie mit der ganzen Familie mit. Deshalb ist die Chance, dass ein türkisch-, afghanisch- oder persischstämmiger Sch etwas über seine Religion erzählen kann, hier besonders groß. Ramadan kann ein Türöffner sein!

Die im Materialteil vorgestellte Szene könnte erweitert werden durch z.B. einen Vater/Großvater, der zur Moschee geht, um zu beten. Die Mutter trifft sich nachmittags mit ein paar Frauen, um das Essen für etwa zwanzig Personen vorzubereiten.

Beim Fastenbrechen ist wichtig, dass kein Alkohol, dafür aber klares Wasser und ähnliche Getränke auf den Tisch kommen. Datteln und schwarze Oliven gehören unbedingt mit dazu. Sie erinnern Muslime an den Propheten, der auch diese Früchte aß. Bei der Gelegenheit sollte man auch schon einmal über Speisegebote reden: kein Schweinefleisch, auch nicht in der Wurst oder in Gehacktem!

> Zur Durchführung der Gruppenarbeit wird **Info-Material über die Aktion „Sieben Wochen ohne"** der evangelischen Kirche benötigt (beim Diakonischen Werk erhältlich; auch per Internet: www.7-wochen-ohne.de).

Opferfest

Korantexte dürfen nicht interpretiert oder nacherzählt werden, sie werden auswendig gelernt (arabisch!) und dann rezitiert. Für unsere Sch. ist der Text aber nicht zu verstehen. Die (nacherzählte) Koranstelle (37. Sure, 84-112):

Abraham war ein Mann, der Allah von ganzem Herzen liebte. Und er zerschlug die Götzenbilder, die die Menschen anbeteten. Da schmiedeten sie Pläne, wie sie ihn unterdrücken könnten; Allah aber beschützte ihn.

Abraham dankte Allah und bat ihn um einen frommen Sohn. Allah schenkte ihm einen Sohn, den sanften Ismael*. Als Ismael herangewachsen war, hatte Abraham einen Traum. Er sprach zu Ismael: „Oh, mein Sohn, ich sah in einem Traum, dass ich dich zum Opfer bringen soll; nun bedenke, was du davon hältst." Da antwortete Ismael: „Tu, mein Vater, was dir gesagt wurde; ich werde, mit Allahs Hilfe, mich nicht widersetzen." So unterwarfen sich beide Allahs Willen. Der Vater legte den Sohn auf das Gesicht. In diesem Augenblick rief Allah: „Du hast meinen Willen erfüllt. Ich belohne dich, du hast recht getan. Dies war nur eine Prüfung." Und er gab ihm ein anderes Opfer, einen Widder. So belohnt Allah die Frommen, die ihm gläubig dienen: „Friede komme über Abraham und seine Nachkommen", spricht Allah.

* Im Türkischen „Ismail"

Zusammen essen und feiern

Hier geht es nicht darum, religiöse Bräuche zu „spielen"; es ist dem Geschmack des L und der Gruppe überlassen und hängt auch von der Gruppenkonstellation ab, in welchem Rahmen die Sch Rezepte aus muslimischen Haushalten ausprobieren wollen; allerdings kann ein „typisches Ambiente" das Erlebnis verstärken und echte Begegnungschancen eröffnen.

Fragebogen:
Grundkenntnisse Islam   M 1

Was ein muslimischer Sch über seine Religion weiß

Fragebogen für Koranschüler

Wie heißt du?

Wie heißen deine Eltern?

Wer hat dich erschaffen?

Was bist du?

Wem dienst du?

Wer ist dein Prophet[1]?

Wo wurde der Prophet geboren?

Wann floh er von Mekka nach Medina?

Wie alt war er, als er starb?

Wie viele Muslime gibt es weltweit?

Wie heißt das Offenbarungsbuch des Islam?

Was ist der Koran für ein Buch?

Wer hat uns den Koran gebracht?

Text nach: Ahmet Hamdi Akseki: Islâm lernen, Islâm leben, S.8f. (gekürzt und leicht bearbeitet)

---

[1] Achtung: Wird der Name des Propheten erwähnt, sagen Muslime „aleyhisselâm", d.h. „Friede sei über ihm".
In diesem Wort drückt sich die Ehrerbietung gegenüber dem Propheten aus. Es wird auch bei der Nennung anderer
Propheten gebraucht (Abraham, Mose, Jesus…)

Infokarte:
Lexikonkartei   M 1

Allah	Arabische Bezeichnung für „Gott". Er ist allmächtig und barmherzig, der Schöpfer der Welt und alles Seins.
Bilder	In der Moschee gibt es keine Bilder, vor allem nicht von Mohammed.
Chadidscha (Hatice)	Kaufmannswitwe für die Mohammed arbeitete, die er heiratete
Fatiha	Eröffnungssure, 1. Sure des Koran
Farbe grün	heilige Farbe
Fastenbrechen	Fest im Fastenmonat, gemeinsames Essen nach Sonnenuntergang
Gebet	Fünf mal am Tag betet der fromme Muslim: er wäscht sich, kniet auf einer sauberen Unterlage und spricht ein rituelles Gebet.
Gebetsschnur (Tesbih)	99 oder 33 Perlen für die Namen Allahs
Gebetsteppich	So groß, dass man darauf knien kann, sauber, oft mit Bild einer Gebetsnische
Glaubensbekenntnis	„Es gibt keinen Gott außer Allah und Mohammed ist sein Prophet."
Hadsch (Haç)	Pilgerfahrt nach Mekka
Hedschra (Hicret) 622 n.Chr.	Flucht des Propheten von Mekka nach Medina; Beginn muslimischer Zeitrechnung
Islam	arabisches Wort: Hingabe an Allah, Gottergebenheit, bedingungsloses Gottvertrauen
Kaaba	vormuslimisches Heiligtum in Mekka mit Meteorit (s. Hadsch)
Kalligrafie	Der Islam bevorzugt „schönes Schreiben" an Stelle von Bildern
Kopftuch	Wird von muslimischen Mädchen und Frauen außerhalb der Wohnung getragen, bedeutet Schutz vor neugierigen Blicken.
Koran	heiliges Buch der Muslime mit 114 Suren (Abschnitte)
Medina	heilige Wallfahrtsstadt, Moschee mit Grab Mohammeds

Fortsetzung auf Seite 112

Fortsetzung von Seite 111

Mekka	Wichtigster Wallfahrtsort (s. Hadsch), gesperrt für Nichtmuslime
Minarett	schmaler Turm an der Moschee für den Gebetsruf
Minbar	Kanzel in der Moschee, besonders beim Freitagsgebet benutzt
Mohammed	Prophet Allahs, Verkünder des Koran
Mond	Zeichen des Islam; Mondkalender im Islam bedeutet Schaltjahre
Moschee	islamisches Gotteshaus
Muezzin	Gebetsrufer
Muslim, Muslima	Mann/Frau, der/die sich zum Islam bekennt
Opferfest	Vier Tage lang gefeiert am Ende der Pilgerfahrtzeit (▶ M10)
Ramadan	Fastenmonat: Essen und Trinken erst nach Sonnenuntergang (▶ M9)
Säulen, fünf	für Glaubensbekenntnis, Gebet, Fasten, Armensteuer, Pilgerfahrt
Schiiten	verehren Ali als Nachfolger Mohammeds; 10% der Muslime
Sunniten	90% der Muslime berufen sich streng auf den Koran.
Sure	Abschnitt oder Kapitel des Koran (s. Koran)

In Klammern die türkische Schreibweise.

Aktionskarte:
Wenn ich Muslim/Muslima wäre ...   M 1a

– Ihr braucht den M1-Fragebogen und die M1-Lexikonkartei. Der Fragebogen richtet
  sich im Original an Koran-Schüler und prüft deren Grundwissen. Versucht, die Fragen
  (von Punkt 3 an) ohne Hilfsmittel zu beantworten!
– Lest euch jetzt die Begriffe der Lexikon-Kartei durch: Sie sollen euch helfen, die Lücken im
  Fragebogen auszufüllen!
– Stellt euch vor: Ihr seid Koranschüler und wollt für eine Prüfung lernen!
  Überlegt, wie ihr mit der Lexikonkartei arbeiten könnt, um euch möglichst viele Begriffe
  einzuprägen! Probiert es aus!
  In der Gruppe oder in der Klasse lasst ihr euch hinterher „abfragen".

Aktionskarte:
Interview   M 1b

– Ihr braucht den M1-Fragebogen und die M1-Lexikonkartei. Der Fragebogen richtet
  sich im Original an Koran-Schüler und prüft deren Grundwissen. Sucht euch je einen
  muslimischen „Interview-Partner" (Mitschüler, Schüler aus Parallelklassen), stellt ihm
  die Fragen und notiert die Antworten! Führt noch weitere Befragungen durch!
– "Korrigiert" die Antworten mithilfe der Lexikonkartei. Was fällt euch auf? Was macht
  ihr euch für einen Reim auf die Auffälligkeiten?
– Überlegt, wie ihr das Ergebnis in der Klasse vorstellen könnt!

Aktionskarte:
Konfi-Prüfung   M 1c

– Ihr braucht den M1-Fragebogen und die M1-Lexikonkartei. Der Fragebogen
  richtet sich im Original an Koran-Schüler und prüft deren Grundwissen.
– Lest euch die Fragen durch und versucht, sie zu beantworten! (Ihr könnt die
  Lexikonkartei zur Hilfe nehmen!)
– Jetzt stellt euch vor: Es geht nicht um eine Koran-, sondern um eine Konfirmanden-
  „Prüfung": Überlegt euch, welche Fragen dort gestellt werden müssten, um Grundkennt-
  nisse des Christentums abzufragen (Vielleicht nehmt ihr das Inhaltsverzeichnis eures
  Reli-Buchs zur Hilfe? Eine Bibel?)
– Bereitet einen Konfi-Test vor (ihr solltet natürlich auch die Antworten kennen!)!
  Den stellt ihr später der Klasse vor und „spielt" Konfi-Prüfung.

Aktionskarte:
Spiel des Wissens   M 1d

– Ihr braucht den M1-Fragebogen und die M1-Lexikonkartei. Der Fragebogen richtet
   sich im Original an Koran-Schüler und prüft deren Grundwissen.
– Schneidet die Lexikonkartei in Streifen, knickt sie in der Mitte und klebt die Rücken
   zusammen. Jetzt habt ihr Karten für ein „Spiel des Wissens":
   ○ Die Karten werden gemischt und – Begriffe nach oben! – in die Mitte gelegt.
   ○ Reihum nimmt jeder eine Karte und liest den Begriff darauf vor.
   ○ Er versucht eine Erklärung,
   ○ die Mitschüler können auf der Rückseite sehen, ob die Lösung stimmt.
   ○ Wer richtig antwortet, behält die Karte an seinem Platz;
      sonst kommt sie zurück in die Mitte.
   ○ Wer am Schluss die meisten Karten hat, hat gewonnen.

– Bei einer zweiten Runde kann man die Erklärung nach oben legen und die Begriffe
   suchen.
– Nach dem Spielen versucht ihr, den Fragebogen auszufüllen – habt ihr schon
   genug gelernt?

Aktionskarte:
Der schöne Name Allahs   M 2

© Ömer Kiyak

Anstelle von Abbildungen verwenden Muslime zur schmückenden Gestaltung
Schönschrift. Oben siehst du – sorgfältig gezeichnet – den Schriftzug „Allah" (Gott).
– Zeichne den Schriftzug nach!
   Achtung: Es wird von rechts nach links geschrieben!
         Probiere es zuerst mit Bleistift, dann mit einem original arabischen Schreibstab
         (angespitztes Bambusstäbchen – frage deinen Lehrer!) und Tinte!

– Probiere, auch christliche „Gottesnamen" – *Vater unser oder Jesus Christus oder
   Heiliger Geist* – in Schönschrift zu gestalten – vielleicht sogar so, dass ihre Bedeutung
   sichtbar wird?

Aktionskarte:
Neunundneunzig Namen hat Allah   **M 3a**

Allah ist der Allerbarmer, der Herrscher, der Ehrenvolle, der Großzügige,
der Heilige, der Friede, der Gerechte, der Beschützer, das Licht…

Überlegt, welche Namen Allah noch haben könnte:
- Denkt an alles, was ihr über Gott wisst, denkt, gehört habt!
- Sucht im Koran!

Namen Allahs:

Aktionskarte:
… weshalb nicht 100?   **M 3b**

Neunundneunzig Namen hat Allah…
Ein Mensch hatte sich in die Einsamkeit zurückgezogen, um zu überlegen, wie er am besten
Allah preisen könnte. Er dachte daran, dass Allah die Welt erschaffen hatte, dass er den
Gläubigen Barmherzigkeit erwies, dass er… Für jedes Lob legte er einen Kieselstein in
einem Kreis um sich herum. Da kam ein Wanderer vorbei und fragte ihn, was er da mache.
„Wanderer," sagte der Einsame, „Ich suche die Namen Allahs." „Und wie viele brauchst
du? „Es muss eine unvorstellbar große Zahl sein. Vielleicht hundert?" Dann saßen sie beide
lange still zusammen und dachten nach. „Fremder," sagte schließlich der Einsame, „Allah
hat hundert Namen. Aber wir kennen nur neunundneunzig. Wenn wir sie alle kennen würden, würden wir Allah kennen. Das darf nicht sein. Er ist Allah, der Erhabene." Dann
schwiegen sie wieder. Nach einer ganzen Weile stand der Wanderer auf und begab sich
auf den Weg ins nächste Dorf. Und wo immer er hinkam, erzählte er den Menschen vom Einsamen und den 99 Namen Allahs.   *Ilka Kirchhoff*

- Inszeniert die Geschichte! Ihr braucht einen Erzähler, einen Einsamen, einen Fremden
  und Steine! Wechselt euch bei den Rollen ab!
- Welches ist für euch der wichtigste Satz? Schreibt ihn auf:

_____

_____

- Was könnte falsch daran sein, Allah ganz zu kennen? Versucht, eure Überlegungen
  irgendwie darzustellen – Bild, Zeichnung, Standbild, Sketch?

Aktionskarte:
Gebetskette

M4

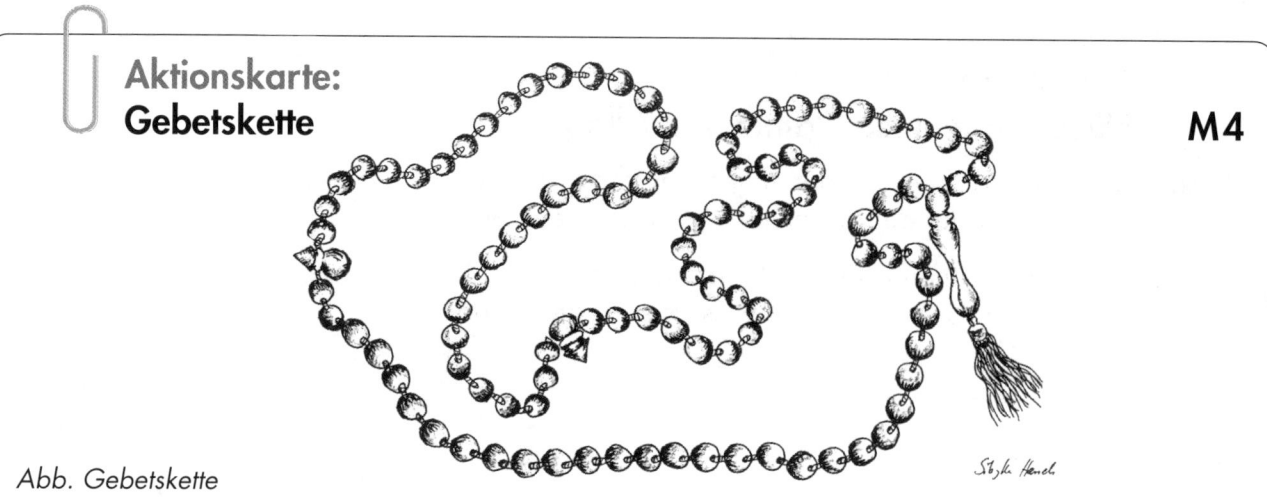

Abb. Gebetskette

– Nehmt eine Gebetskette in die Hand. Zählt die Perlen.
– Bedenkt den Sinn solcher Gebetsperlen und denkt euch eine kleine Geschichte aus:
  Als ein Mann/eine Frau/ein Kind einmal ganz allein/sehr glücklich/sterbenskrank war …
  Schreibt eure Geschichte auf oder inszeniert sie!

Zusatzkarte
Laufzettel: Leben und Feiern im Islam

Hier findest du die Stationen des Lernzirkels zu „Leben und Feiern" der Reihe nach aufgeführt.
– Schreibe – nach der Bearbeitung – hinter jede Station eine kurze Bemerkung oder
  zeichne eine Skizze, aus der deutlich wird, was du besonders wichtig daran findest!

1. Station: Geburt und Beschneidung

2. Station: Hochzeit und Tod

3. Station: Pflichten der Kinder

4. Station: Kopftuch

5. Ramadan

6. Opferfest

Infokarte:
Die Geburt eines türkischen Kindes   **M 5a**

Türkische Frauen dürfen von ihren Ehemännern oder weiblichen Verwandten oder Bekannten bei der Geburt begleitet werden. Sofort nach der Geburt sollte der Ehemann, ein muslimischer Arzt oder Pfleger in das rechte Ohr des Säuglings den Ezan (Gebetsaufruf) und in das linke Ohr den Kamet (Gebetssegen) sprechen. Der Ezan leitet jedes der vorgeschriebenen Gebete im Tagesablauf ein, der Kamet bestätigt, dass das Gebet bereits begonnen hat.

Der Kamet muss unmittelbar an den Ezanaufruf anschließen – Dem Säugling soll so bewusst gemacht werden, dass sein Leben wie die Zeit zwischen Ezan und Kamet ist.

Er soll sein Leben nach muslimischen Prinzipien, also nach dem Koran, leben. Damit ist ihm Allahs Schutz gewiss – auch vor Kinderlähmung, wie man glaubt.

Im Anschluss wird der Name des Kindes in sein Ohr gesprochen.

Lässt der gesundheitliche Zustand des Neugeborenen dieses Ritual nicht zu, so muss es zu Hause baldmöglichst nachgeholt werden.

Das Kind aus einer muslimischen Ehe wird als Muslim geboren.

Der Ezan:

Allahü ekber, Allahü ekber, Allahü ekber, Allahü ekber.	Gott ist groß!
Eshedü enlâilahe illallah, Eshedü enlâilahe illallah.	Ich lege Zeugnis davon ab: Es gibt Keinen anderen Gott außer Gott!
Eshedü enne Muhammeden resulullah, Eshedü enne Muhammeden resulullah.	Ich lege Zeugnis davon ab: Mohammed ist sein Prophet!
Hayyalesselah, hayyalesselah.	Kommt und betet!
Hayyalelfelah, Hayyalelfelah.	Kommt zu eurem Heile!
Allahü ekber, Allahü ekber.	Gott ist groß!
Lâ ilahe illallah.	Es gibt keinen anderen Gott außer Gott!

Der Kamet stimmt textlich mit dem Ezan überein, hat aber noch den Zusatz:
Das Gebet hat bereits begonnen.

Akseki: Islam leben – Islam lernen, S. 139f.

Infokarte:
Die Beschneidung   M 5b

Beim Jungen erfolgt die Beschneidung als religiöse Pflichthandlung, zumal sich auch Mohammed (Friede sei mit ihm) beschneiden ließ. Dies dient auch der Hygiene, da sich unter der Vorhaut Keime sammeln. Dabei entfernt ein Fachmann (Arzt oder Pfleger) mit einem scharfen Gegenstand (Skalpell) die Vorhaut ganz. Verse aus dem Koran werden gebetet.

In vielen Kulturen des Orients wurden und werden Jungen, meistens schon im Babyalter, beschnitten. Für Muslime ist kein Alter festgelegt.

Männer und Frauen feiern in der Moschee, getrennt versteht sich, Koranverse werden gebetet.

Anschließend findet die Beschneidungsfeier entweder im engsten Familienkreis oder im großen Bekanntenkreis (etwa 300 Gäste) statt, natürlich ohne Alkohol. Man freut sich für den kleinen Jungen, dass er nun voll zur Männerwelt gehört. Also bekommt er ein festliches Gewand mit langen Hosen.

Türkan Akyürek, Mentorin

Aktionskarte:
Kennt ihr euch aus?

M 5a

- Ihr braucht die Infokarten „Leben und Feiern im Islam 1, a und b".
  Lasst euch die Texte von einem Gruppenmitglied vorlesen; *Ezan* und *Kamet* lest
  ihr möglichst alle, arabisch und deutsch im Wechsel.
- Sprecht über die einzelnen rituellen Handlungen und ihre Bedeutung –
  was findet ihr einleuchtend, was eher fragwürdig?
- Überlegt euch „Testfragen", die ihr später euren Mitschülern stellen könnt!

Frage 1: _____

Frage 2: _____

Frage 3: _____

Frage 4: _____

Frage 5: _____

Frage 6: _____

Aktionskarte:
Und wir?

M 5b

- Ihr braucht die Infokarten „Leben und Feiern im Islam 1, a und b".
  Lasst euch die Texte von einem Gruppenmitglied vorlesen; *Ezan* und *Kamet* lest
  ihr möglichst alle, arabisch und deutsch im Wechsel.
- Sprecht über die einzelnen rituellen Handlungen und ihre Bedeutung –
  was findet ihr einleuchtend, was eher fragwürdig?
- Reiht die einzelnen Rituale untereinander auf – versucht dann, die rechte Spalte
  zu füllen: Was geschieht im Christentum – bei der Geburt – beim „Erwachsenwerden"
  eines Kindes?

Religiöses Handeln im Islam	*Religiöses Handeln im Christentum*
1.	
2.	
3.	
4.	

Infokarte:
Hochzeit und Tod   M 6

Eine muslimische Hochzeit ist ein Fest mit 300 oder mehr Gästen – das muss vorbereitet werden! Das kostet viel Geld. Aber die meisten Gäste schenken dem jungen Paar Geld, so dass heute oft in Gaststätten gefeiert wird.

Auch heute noch suchen die Väter für ihre Kinder die Ehepartner aus. Sie kennen die Familien, wissen, wer zu wem passt. Nach dem Gesetz kann aber keiner zu einer Heirat gezwungen werden. Nach der Zustimmung wird ein Hochzeitsvertrag aufgesetzt und von beiden unterschrieben.

Früher feierten Braut und Bräutigam ihre Hochzeit getrennt: die Braut mit den Frauen, Freundinnen und Schwestern, der Bräutigam mit den Männern. Heute findet die Hochzeits-feier auch gemeinsam statt. Die Hochzeitszeremonie, die eigentliche Trauung, findet im Haus der Eheleute statt. Dabei werden Verse aus dem Koran gebetet, über den Sinn der Feier wird gesprochen und die Pflichten der Eheleute benannt.

Türkan Akyürek, Mentorin

Der Tod ist für den Muslim etwas Natürliches, wird jedoch als sehr schmerzhaft empfunden. Die Verwandten leiden unter dem Verlust der Angehörigen sehr.

Der Sterbende wird so gebettet, dass sein Kopf Richtung Mekka, der heiligen Stadt des Islam, liegt. Dann wird das Glaubensbekenntnis vorgesprochen, an dem sich der Sterbende nach Alter und Bewusstseinslage beteiligen soll.

Beim Tod eines Muslim werden die Augen zugemacht, das Kinn mit einem Tuch am Kopf zugebunden. Angehörigen ziehen dem Toten alle Kleidungsstücke aus. Ein sauberes Tuch wird für den Leichnam ausgelegt. Die Arme werden an den Körper gelegt. Es soll darauf geachtet werden, dass die Leiche nicht unnötig bewegt wird.

Nun folgt die Vollwaschung mit reiner pflanzlicher Seife. Sie wird von einem Muslim glei-chen Geschlechts ausgeführt, der selbstsicher ist und Kenntnisse der rituellen Vollwaschung besitzt. Der Leichnam wird dann sorgfältig in weißes Leinen oder Baumwolltücher gehüllt als Symbol dafür, dass der Tote ganz Gott geweiht ist. Anschließend erfolgt das Totengebet auf arabisch im Gebetshaus der Muslime. Der Tote wird bestattet, häufig in seinem Geburtsland.

Türkan Akyürek, Mentorin

Aktionskarte:
Wie sieht es aus?

M 6a

- Ihr braucht die **Infokarte Hochzeit und Tod** – einer von euch soll je einen Text vorlesen.
- Überlegt, welche Informationen euch fehlen (Kleid der Braut? Grabgestaltung) und wie ihr mehr erfahren könntet!
- Gestaltet eine Hochzeitsszene/Sterbeszene bildlich!

Aktionskarte:
Wie kennen wir's?

M 6b

- Ihr braucht die **Infokarte Hochzeit und Tod** – einer von euch soll je einen Text vorlesen.
- Wie wird eigentlich in euch bekannten Filmen „gestorben"? Teilt eure Erfahrungen, vergleicht mit dem Infotext – vielleicht könnt ihre eine Filmszene einstudieren?
- Inszeniert eine deutsche Hochzeit, so wie ihr sie aus eigenem Erleben kennt – zum späteren Vorspielen in der Klasse!

Infokarte:
Väterliche Ermahnungen   M7

1. Mein Kind! Deine wichtigste Aufgabe ist, den Schöpfer zu erkennen und an ihn zu glauben.
2. Erkenne deinen Gott und verbanne ihn nie aus deinem Herzen.
3. Alles Gute auf Erden beginnt mit der Liebe zu Gott.
4. Ein Mensch, der Gott liebt und fürchtet, fügt niemandem Böses zu, weder durch Worte noch durch Taten.
5. Lerne deinen Propheten kennen und von Herzen lieben.
6. Folge deinen Eltern und den älteren Leuten und ehre sie.
7. Die Heimat ist unser aller Mutter. Unsere Mutter lieben wir nicht um eines Nutzens willen, sondern weil sie unsere Mutter ist.
8. Die Heimat verdient unsere ganze Liebe und Aufopferung.
9. Weiche weder in Wort noch in der Tat vom Recht ab.
10. Führe jede Arbeit, die du übernommen hast, so gut wie nur irgend möglich aus. Sei sorgfältig und selbstkritisch.
11. Setze erstens deine Religion und zweitens deine Heimat über alles.
12. Halte mit Leuten keine Freundschaft, die viele schlechte Angewohnheiten haben und die Muslime gegeneinander aufwiegeln.
13. Schlechte Angewohnheiten sind wie eine ansteckende Krankheit: ehe du dich versehen hast, bist du damit befallen.
14. Lüge nicht, leiste keine falschen Schwüre, gewöhne dir überhaupt das Schwören gar nicht erst an. Wie schnell ist ein Schwur gesprochen, den man hinterher nicht verantworten kann!
15. Lies keine Briefe, die nicht für dich bestimmt sind.
16. Wenn dir ein Geheimnis anvertraut wird, dann bewahre es und rede nicht darüber.
17. Hüte überhaupt alles, was man deiner Obhut anvertraut oder zur Aufbewahrung übergibt, wie deinen Augapfel.
18. Sei umgänglich zu deinen Gefährten, stets freundlich und zuvorkommend. Mach kein böses Gesicht!
19. Vergiss nicht, vor dem Essen die Hände zu waschen.
20. Belege niemanden mit groben oder hässlichen Ausdrücken.
21. Nimm nichts, was anderen gehört, in die Hände, ohne vorher den Eigentümer gefragt zu haben.
22. Betritt nie eine Wohnung ohne Erlaubnis.
23. Hasse und beneide niemanden. Stifte keine Zwietracht.
24. Sei ehrerbietig gegen Ältere, mitleidig und liebevoll gegen Jüngere.
25. Was du selbst nicht magst, das wünsche auch keinem anderen.
26. Was du gern magst, das sollst du auch anderen wünschen.
27. Verschiebe nichts, was du gleich erledigen kannst, auf später.
28. Verschwende dein erworbenes Geld nicht für nutzlose Dinge.
29. Vergiss nicht, an den Feiertagen die Älteren in deiner Familie und Bekanntschaft zu besuchen.
30. Versuche, dir diese Ermahnungen gut zu merken; wenn du älter bist, wirst du merken, dass sie dir Lebenshilfe waren.

Ahmet Hamdi Akseki, Islâm lernen – Islâm leben, S.35f.

Aktionskarte:
Lebenshilfe   M7a

– Ihr braucht eine Infokarte **„Väterliche Ermahnungen"**. Lest reihum die Regeln laut vor!
– Ganz schön viele: Macht sie euch übersichtlicher, indem ihr sie ordnet (Die Leerzeilen können euch helfen) und Überschriften für die verschiedenen Bereiche sucht.
– Die Regeln – eine Lebenshilfe? Verfasst den Brief eines alten Mannes, der sich auf dem Sterbebett überlegt, welche Regeln ihm wie geholfen haben – oder auch nicht!

Aktionskarte:
Und was sagt Jesus?   M7b

– Ihr braucht eine Infokarte **„Väterliche Ermahnungen"**. Lest reihum die Regeln laut vor!
– Bestimmt kommt euch einiges davon bekannt vor. Nehmt eine Bibel zur Hand und schlagt nach: Die Zehn Gebote (2. Mose 20,1-17); Die Bergpredigt (Mt 5 bis 7: Das dick Gedruckte!) – Legt ein zweites Blatt neben die Infokarte und versucht, neben die islamischen Lebensregeln die entsprechenden christlichen zu schreiben! Was ist gleich, was ist anders?
– Mt 7,12 gilt als die „Goldene Regel": Sucht sie in dem islamischen Regelkatalog. Schreibt eine der beiden Fassungen ab und gestaltet sie als Poster einer Aktion „Besser leben"!

Infokarte:
Das Kopftuch   M 8

Emine ist vor ein paar Wochen elf Jahre alt geworden. Gestern kam sie mit einem Kopftuch in die Schule.

„Emine, regnet's?" fragte spöttisch Jörn.

„Oder hast du Ohrenschmerzen?" wollte Lisa wissen.

„Pah," sagte Jens, „die macht sich nur wichtig."

Aber das hörte Emine schon nicht mehr. Sie war aus der Klasse gelaufen. Frau Schulte, die Mathelehrerin, sah gerade noch, dass sie in der Mädchentoilette verschwand.

„Was ist mit Emine?" fragte sie als Erstes die Klasse.

„Die ist doch doof", sagte Lena. „Kommt mit 'nem Kopftuch in die Klasse, wie 'ne alte Frau. Ist doch nicht Karneval, oder?"

Die Lehrerin kann sich denken, was passiert ist. Da bleibt das Mathebuch in ihrer Tasche und sie erklärt ihnen kurz, weshalb Emine ein Kopftuch trägt: weil sie Muslima ist und ab jetzt zu den Frauen gehört, dass sie stolz auf ihr Kopftuch ist und: „Lasst sie doch einfach mal in Ruhe." Und dann geht sie zu Carina, die Emines beste Freundin ist, und bittet sie, Emine zurückzuholen. Die anderen hätten es nicht so gemeint und würden sich auch entschuldigen.

In der nächsten großen Pause fängt Frau Schulte Emine an der Klassentür ab. Und dann erzählt Emine ihr erst einmal alles: Dass sie sich schon lange auf ihr erstes Kopftuch gefreut hat und dass ihre Mutter ihr ein ganz besonders schönes ausgesucht hat.

„So," sagt die Lehrerin, „und das wollen wir alles den anderen Kindern sagen. Vielleicht denken sie dann noch einmal nach."

Aktionskarte:
Kein Karneval   M 8a

– Ihr braucht eine Infokarte M 8. Lest die kurze Geschichte zunächst durch!

– Macht eine Liste „dummer Sprüche" über Emines Kopftuch – und eine Liste von Antworten, die Emines Freundin Carina vielleicht geben könnte, nachdem sie mit Frau Schulte gesprochen hat. Spielt mit diesem Material eine Schulhofszene! Wie geht die Auseinandersetzung aus?

Aktionskarte:
Lieber anpassen?

M 8b

– Ihr braucht eine Infokarte M 8. Lest die kurze Geschichte zunächst durch!
– Carina schlägt Emine vor, das Kopftuch in der Schule lieber nicht zu tragen. Schreibt eine
  Antwort Emines. Lest dazu auch folgende Zusatzinformation:

Info: Das Tragen des Kopftuchs oder Schleiers ist auch in islamischen Staaten umstritten. Der Koran gibt
an keiner Stelle dazu eine Weisung. Vier Stellen werden aber im Streitfall angeführt: die Sure 33, 32f.
und 53 richtet sich aber nur an die Frauen des Propheten Mohammed. Die beiden anderen Texte, Sure
33,60 und Sure 24,32, gelten allgemein.
    Sure 24,32: „Sage auch den gläubigen Frauen... dass sie nicht ihre Zierde (d.h. ihren nackten Kör-
per, ihre Reize), außer nur was notwendig sichtbar sein muss, entblößen und dass sie ihre Busen mit
dem Schleier* verhüllen sollen."
    Sure 33,59: „Sage, Prophet, deinen Frauen und Töchtern und den Frauen der Gläubigen, dass sie
ihr Übergewand (über ihr Antlitz) ziehen sollen, wenn sie ausgehen: so ist es schicklich, damit man sie
als ehrbare Frauen erkenne und sie nicht belästige."

* In der türkischen Übersetzung steht das Wort für „Kopftuch".

Infokarte:
Ramadan

M 9

Emine: Wisst ihr eigentlich, dass der Ramadan angefangen hat? Das ist für uns ganz wichtig.
Vier Wochen lang fasten wir."
Stefan: Das geht ja gar nicht. Kein Mensch kann vier Wochen lang ohne Essen und Trinken
auskommen.
Emine: Wir fasten vom Sonnenaufgang bis zum Sonnenuntergang. Dann treffen wir uns bei
Verwandten und essen und trinken. Wir dürfen dann auch länger aufbleiben, spielen mit den
anderen Kindern. Das ist richtig gut.
Meike: Hast du eben gesagt, dass ihr von morgens bis abends nichts esst und nichts trinkt?
Machen das alle? Auch die Kinder?
Emine: Das müssen nicht alle machen. Meine Tante bekommt im nächsten Monat ein Baby,
die trinkt Saft tagsüber. Und meine Oma war letztes Jahr krank, da hat sie auch nicht ge-
fastet. Mein Vater arbeitet an einem Brennofen, der trinkt Wasser.
Mike: Und du?
Emine: Eigentlich brauche ich auch noch nicht die ganze Zeit zu fasten. Aber es macht mir
Spaß und ich bin stolz, dass ich das jetzt schon fast ganz schaffe.
Jennifer: Das kann ich mir nicht vorstellen. Manchmal ist es doch heiß, dann muss man doch
trinken. Das sagt dir jeder.
Emine: Ja, wenn der Ramadan in der Sommerzeit ist, dann ist das schon schwer. Man darf wirk-
lich nichts in den Mund nehmen und auch die Spucke nicht runterschlucken. Aber wisst ihr, die
ganze Familie macht mit und ich *muss* ja nicht, da *will* ich! Und am Ende werden wir beim
Scheker Bayramfest* belohnt. Das heißt übersetzt „Zuckerfest". Vier Tage lang wird gefeiert. Wir
Kinder bekommen Süßigkeiten und auch Geld geschenkt. Alle haben schöne neue Kleider an...
Jan: „Mach' uns nicht den Mund so wässerig, wir werden sonst noch Muslime!
Alle: lachen
        * phonetische Schreibweise (= nach dem Klang)

Aktionskarte:
Einfühlen   M9a

– Ihr braucht eine Infokarte M9. Lest den Text mit verteilten Rollen!
– Spielt die Szene mit verteilten Rollen: Wie fühlt sich Emine? Wie finden die anderen
  Sch den Ramadan?
– Entwerft ein Plakat für den Ramadan: Ich mache mit!

Aktionskarte:
Sieben Wochen ohne   M9b

– Ihr braucht eine Infokarte M9. Lest den Text mit verteilten Rollen!
– Informiert euch über die Aktion „Sieben Wochen ohne" der evangelischen Kirche;
  findet heraus, warum da gefastet/verzichtet werden soll und worauf und warum da viele
  Christen mitmachen.
– Entwerft nun ein Plakat für diese Aktion: „Ich mache mit!"

Infokarte:
Opferfest   M10

Mustafa berichtet der Klasse:
Etwa acht Wochen nach Ramadan wird das Opferfest gefeiert. Das hat mit der Wallfahrt
nach Mekka zu tun. Die soll jeder fromme Muslim wenigstens ein Mal in seinem Leben
machen. Er kann das aber nur, wenn dadurch seiner Familie kein Schaden entsteht. Mein
Vater hat das noch nicht gemacht, wohl aber mein Großvater. Den nennen wir jetzt „Hadsche"
und darüber freut er sich.
Er hat uns auch von der Wallfahrt erzählt. Da waren mehr als zwei Millionen Pilger, sagte er.
Am Ende der Wallfahrt, am siebten Tag, wird das Opferfest gefeiert zur Erinnerung daran, dass
Allah den Sohn Abrahams vor dem Opfertod rettete. Allah will kein Opfer und schon gar keine
Menschenopfer, er will Hingabe des Menschen, Gehorsam, Befolgung der Worte des Koran.
An dem Tag wird weltweit das Opferfest gefeiert. Ein Teil des Fleisches darf von der eigenen
Familie gegessen werden, der Rest muss an Arme verschenkt werden. Und mein Vater hat
gesagt, so viele Arme gibt es auch nicht in Deutschland, also wird Geld verschickt im Auftrag
der Familie für noch ärmere Menschen in arabischen Ländern, damit ein Tier geschlachtet
werden kann.
Jedes Jahr haben wir mit der ganzen großen Familie bei Großvater und Großmutter gegessen.
Und ich hatte sogar schulfrei! Die Männer waren in der Moschee, ich durfte mitgehen. Die
Frauen und Mädchen blieben zu Hause und bereiteten sich dort vor, sie beteten auch.

Aktionskarte:
Mitdenken!

M 10a

– Ihr braucht eine **Infokarte M10**; lest euch durch, was Mustafa erzählt!
  Juden wie Christen wie Muslime deuten die Geschichte von Isaaks Nicht-Opferung
  (1 Mose 22,1-19; 37.Sure, 84-112) so, dass Gott
   ○ Abrahams Gehorsam auf die Probe stellte
   ○ deutlich machen wollte, dass er keine Menschenopfer will.
– Überlegt euch, wann Gehorsam schädlich ist! Ihr könnt zu diesem Thema eine Gesichte
  schreiben, eine Spielszene einstudieren oder ein Plakat entwerfen.

Aktionskarte:
Nicht Opfer, sondern Liebe

M 10b

– Ihr braucht eine **Infokarte M10**; lest euch durch, was Mustafa erzählt!
  Juden wie Christen wie Muslime deuten die Geschichte von Isaaks Nicht-Opferung
  (1 Mose 22,1-19; 37.Sure, 84-112) so, dass Gott
   ○ Abrahams Gehorsam auf die Probe stellte
   ○ deutlich machen wollte, dass er keine Menschenopfer will.
– Überlegt euch, welche Opfer sinnvoll sein können, welche nicht – entwickelt eine
  „Checkliste"!
– Es gibt eine weihnachtliche Geschichte über einen Mann und eine Frau, die sich
  sehr lieben und einander unbedingt ein Geschenk machen wollen: Schließlich verkauft
  die Frau ihr langes Haar an einen Perückenmacher, um dem Mann eine Kette für
  seine geliebte Taschenuhr zu schenken; der Mann verkauft seine Uhr, um der Frau
  eine Spange für ihr langes Haar, ihren ganzen Stolz, zu kaufen…
  Was hat diese Geschichte mit Opfern zu tun? Erzählt sie zu Ende!

Aktionskarte:
Kekse backen fürs Fastenbrechen

M 11a

Das Rezept ergibt eine kleine Menge Kekse. Ihr könnt die Zutaten verdoppeln oder gar vierfach nehmen.

Zutaten: 125 g Butter oder Margarine erwärmen
             100 g Honig
             Schale einer halben (nicht gespritzten!) Zitrone, abgerieben
             1 Eigelb

             Diese Zutaten werden schaumig gerührt. Dann:
             125 g Mehl
             25 g geriebene Haselnüsse
             3 Esslöffel Milch hinzufügen.

Etwa 40 Minuten bei Zimmertemperatur stehen lassen.
Danach die Masse durchkneten, mit zwei kleinen Löffeln „Taler" formen,
auf Backpapier ca. 15 Minuten bei 175°C backen. Etwas abkühlen lassen.
50g Honig mit etwas Wasser vermischen, Plätzchen glasieren,
sofort mit gehackten Pistazien (es können auch Haselnüsse sein) bestreuen.

Aktionskarte:
Rund ums Feiern

M 11b

– Wichtig für ein feierliches Essen ist der gedeckte Tisch:
  Wer kümmert sich um die Dekoration?

– Kekse allein sind noch keine Mahlzeit: Typischerweise gibt es noch
   ○ Weißbrot
   ○ Lammfleisch – Was könntet ihr an dessen Stelle servieren?
   ○ Oliven
   ○ Schafskäse
   ○ Salat: Blattsalat, Tomaten, Gurken u.a.
              waschen, abtropfen lassen, zerkleinern, anrichten.
              Die Salatsauce ist ein Gemisch aus
              Essig (1 Teil), Öl (2 Teile), Pfeffer und Salz.

Selig sind die Friedfertigen?!
Umgang mit Konflikten und Gewalt

Wenn ich mich streite

Konflikte lösen

Gewalt vermeiden

1. Thematisches Stichwort

Mit den Menschen sollt ihr so umgehen, wie ihr wünscht, dass sie mit euch umgehen. Das ist es, was im Gesetz und bei den Propheten steht (nach Mt 7,12).

Wir können häufig beobachten, dass Kinder ihre Konflikte untereinander mit Gewalt lösen. Dieses Verhalten beginnt schon im Kleinkindalter, in dem jedes Kind sich selbst der Nächste ist und seinen Willen mit den ihm zur Verfügung stehenden Mitteln durchsetzen möchte. Diese Mittel sind jedoch sehr begrenzt. Das Kleinkind ist gedanklich und sprachlich noch nicht in der Lage, Konflikte auszutragen und die ersten Einschränkungen seines Handlungsspielraumes zu akzeptieren, denn es sieht die Bedürfnisse der Mitmenschen nicht als gleichwertig an. Also versucht es, seinen Handlungsspielraum zu erweitern, indem es gewalttätig, trotzig und aggressiv reagiert.

Sch einer fünften Klasse jedoch sind gedanklich und sprachlich in der Lage, Konflikte gewaltfrei zu lösen, denn ihr Spektrum an Mitteln ist im Vergleich zu dem der Kleinkinder erheblich erweitert. Sie können überlegen, welche Auswirkungen ihr Handeln auf den Partner haben kann, sie können Situationen teilweise selbstständig aus anderen Perspektiven beurteilen. Nicht immer gelingt es aber, sich ruhig und gelassen mit einem anderen über einen Sachverhalt auseinander zu setzen. Die Ursachen dafür sind ganz verschieden. Die spontane Reaktion auf eine ungewollte Einengung durch einen anderen Menschen ist oft temperamentvoll, unüberlegt und aggressiv. Persönliche Attacken, Beleidigungen und unsachliche Verallgemeinerungen führen häufig dazu, dass ein Konflikt zu einem Streit wird und schließlich eskaliert. Oft scheint es einfacher, dem Gegenüber eindeutig zu signalisieren: „Ich hab das Sagen, ich bin stärker!", als sich ausgiebig auf die Sicht des anderen einzulassen und vielleicht sogar zu einem Kompromiss zu gelangen.

Hier ist kontinuierliches pädagogisches Bemühen sowohl im häuslichen Umfeld wie in der Schule gefragt und gefordert. Wie alle anderen Fächer ist davon auch der Religionsunterricht betroffen – und dann noch einmal besonders wegen seiner inhaltlichen Affinität zum Thema *Friedliches Miteinander* – wie schon die oben zitierte Goldene Regel verdeutlicht.

Konfliktbewältigung lernen – das ist wiederum eine Lernanforderung, die ein rein kognitives Erschließen weit überschreitet: Miteinander übt sich nur im Miteinander! Je intensiver und vielfältiger im vergleichsweise geschützten Raum der Klasse Interaktionen angeregt, ausprobiert, erlebt und gestaltet werden, desto eher sind tiefer greifende Verhaltensänderungen zu erwarten. Hier kann besonders ein Unterricht mit hohen Freiarbeitsanteilen wertvolle Lernanlässe bereitstellen.

2. Intentionen

Die Sch sollen
- erfahren, wie oft schon geringe Streitanlässe eine Spirale von Gewalt nach sich ziehen, die in keinem Verhältnis mehr zu dem eigentlichen Anlass steht
- das sture Beharren auf dem eigenen Standpunkt als größte Verständigungsbarriere erkennen
- Wege kennen lernen, sich selber bei Auseinandersetzungen zu kontrollieren, damit gewalttätige Eskalationen gar nicht erst entstehen
- aufeinander eingehen und den anderen als gleichwertige Persönlichkeit ernst nehmen und achten.

3. Literatur zum Thema

Brüschweiler, Willy u.a.(Hg.): Neue Schulbibel, Benziger Verlag, Zürich 1973.

Büttner, Gerhard u.a., SpurenLesen. Religionsbuch für die 7./8. Klasse, Calwer Verlag Stuttgart und Ernst Klett Verlag Stuttgart, Stuttgart 1998

Die Erzählungen aus Tausendundein Nächten. Aus dem Arabischen von Ernst Littmann, eingeleitet von Hugo von Hoffmansthal, Insel Verlag Frankfurt a.M., o.J.

Eucker, Johannes u.a.: Kunststücke 3, Klett Verlag, Leipzig 1996

Jüntschke, Ilse: Kleine Schritte zum Frieden. Anregungen und Materialien für Kinder von 5-10, Verlag Ernst Kaufmann, Lahr 1999

Hagedorn, Ortrud: Konfliktlotsen. Unterrichtsideen, Klett Verlag, Leipzig 1996

Hermann, Inger: Halt's Maul, jetzt kommt der Segen. Kinder auf der Schattenseite des Lebens fragen nach Gott, Calwer Verlag, Stuttgart 1999

Jüntschke, Ilse: Kleine Schritte zum Frieden. Anregungen und Materialien für Kinder von 5-10, Verlag Ernst Kaufmann, Lahr 1999

Weidner, Jens u.a. (Hg.): Gewalt im Griff. Neue Formen des Anti-Aggressivitäts-Trainings, Beltz Verlag, Weinheim und Basel 1997

4. Orientierungsseite

Wo können *welche* Freiarbeitselemente *was* leisten?

Phase	Inhalte	FA-Elemente	FA-Materialien
Einstieg	**Wenn ich mich streite**	verschiedene Streitsituationen analysieren (freie Wahl des Beispiels, der Bearbeitung und des Partners)	M 1 Mattes *oder* M 2 Eselei *oder* M 3 Warum?
Erarbeitung 1	**Auslöser für Aggressionen erkennen**	Vorbereitung einer gemeinsamen Streit-spiralen-Erkundung in Kleingruppen (arbeitsteilig)	M 4 Dickerchen *oder* M 5 Kampfszenen *oder* M 6 Geschwisterstreit *oder* M 7 Der Honigtropfen
Erarbeitung 2	**Auslöser für Aggressionen „entschärfen"**	Vorbereitung einer gemeinsamen Anti-Streitspiralen-Aktion in Kleingruppen	M 8 Der Knoten *oder* M 9 Der weise Kaiser *oder* M 10 Bergpredigt
Vertiefung	**Schritte zum Frieden gestalten**	in Einzelarbeit oder in der Gruppe eigene Friedensmottos erarbeiten	M 11 Elfchen *und/oder* M 12 Plakat

5. Erläuterungen zu den Freiarbeitsvorschlägen

Wenn ich mich streite

Der Einstieg in die Thematik ergibt sich häufig aus der Situation: Da hat es eine Prügelei in der Pause gegeben, ein Sch hat einen anderen verletzt. Sehr schnell gibt es die Pro- und die Contra-Fraktion, aber auch die Unparteiischen. Diese drei Gruppen sammeln ihre Argumente, überlegen, was die anderen wohl dazu sagen, und diskutieren dann im Plenum. Hilfreich sind zeitliche Begrenzungen (Sand- oder Stoppuhr), Gesprächsregeln, Vorsitzender. Die Debatte wird abgebrochen, wenn die Sch ihre Argumente verbraucht haben. Das Titelbild kann zusätzlich, anschließend oder alternativ eingesetzt werden. Es eignet sich als *Schreib-los-Impuls* (s. Methodenkapitel) oder als Element eines Comics (Was passierte vorher? Was nachher?).

Die **Aktionskarten M 1 bis M 3** stehen zur Wahl für Partner-/Kleingruppenarbeit (jeweils mehrfach kopieren, beliebigen Sch aushändigen, die dann Partner suchen). Die Mattes-Geschichte (▶ **M 1**) erzählt von einem Jungen, der Angst vor einem gleichaltrigen Mitschüler hat, weil dieser ihn bedroht und verprügelt. Dabei haben die Sch die Möglichkeit, den Fortgang der Geschichte zum Teil selbst zu bestimmen, indem sie sich für einen Weg entscheiden und dann bei der dort angegebenen Ziffer weiterlesen. Außerdem ist es an drei Stellen möglich, die Geschichte selber weiterzuschreiben und ein eigenes Ende zu gestalten. Drei verschiedene Geschichtenenden sind ferner unter Ziffer 12, 13 und 14 vorgegeben. Die Gruppe kann nach eigenem Belieben mit dem Material umgehen, experimentieren; am Ende soll sie eine – ihre – Fassung vorstellen. Das Arbeitsblatt „**Eselei**" (▶ **M 2**) lädt zum Zeichnen ein. Verschiedene Comics zum Thema „Streiten" regen an, selber Alltagssituationen in Comicform darzustellen, in denen Aggressionen Thema sind. Als Einstieg in das Zeichnen von verschiedenen Ausdrücken können die vorgegebenen Kopfformen ausgemalt werden, so dass bestimmte Eindrücke entstehen (Furcht, Wut, Freude, Trauer,…). Dabei ist hauptsächlich die Stellung der Augen und Augenbrauen ausschlaggebend für den Ausdruck des Gefühlszustandes der Männchen. Bei dem Zeichnen von Comics kommt zum Gesichtsausdruck die Körpersprache dazu. Sch, die nicht so gern zeichnen, erfinden zu den Streitszenen (▶ **M 3, „Warum"?**) Vorgeschichten, inszenieren ihre bevorzugte Streitgeschichte und führen sie später vor.

Auslöser für Aggressionen erkennen

Kleingruppen sollen auf verschiedenen Wegen herausfinden, wie die „Streitspirale" funktioniert; die verschiedenen Überlegungen münden in eine gemeinsame Erarbeitung der Klasse, die durch ein Plakat visualisiert wird, das alle aus den eigenen Teilergebnissen zusammen gestalten.

Für das Plakat wird eine große Spirale auf Flipchart/Poster gezeichnet und von innen nach außen mit „Eskalationsstufen" beschriftet (Missgeschick Missstimmung Missverständnis – erste Gegenmaßnahme: Worte – zweite Gegenmaßnahme: Worte – böse Worte – erbitterte Worte – körperliche Gewalt – massive körperliche Gewalt – Unterstützung durch andere (auf beiden Seiten) …); die kämpfenden Männchen der zweiten Gruppe werden um den äußersten Ring der Spirale herum angebracht.

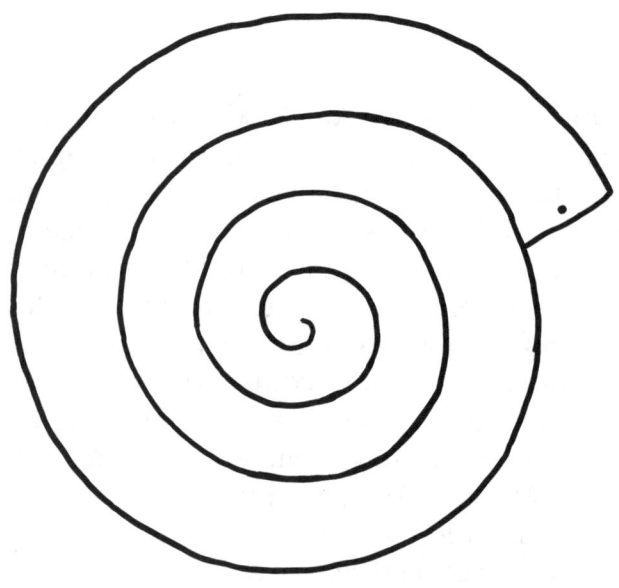

Die Bildergeschichte „Dickerchen" (▶ **Aktionskarte M 4**) soll Sch sensibel machen für verschiedene Formen von Gewalt im Alltag. Sie soll ein Gespräch anregen, wer denn nun wem weh getan hat.

Die Glieder des Gliederpuppen-Schemas (▶ **Aktionskarte M 5**) werden ausgeschnitten (für jede Gruppe mehrfach kopieren, evtl. größer und auf dünne Pappe!) und zu Kampfhaltungen zusammengesetzt und -geklebt; später rahmen diese Figuren das Streitspiralen-Plakat.

Die **Aktionskarte M 6** schildert einen Alltagskonflikt unter Geschwistern, der sich langsam zu einer gewalttätigen Auseinandersetzung zuspitzt. Hier sollen die Sch das Verhalten der beiden Mädchen analysieren und Ursachen für die Eskalation finden. Die **Aktionskarte M 7** bietet ein Märchen, in dem eine Kleinigkeit einen ganzen Dorfkrieg entbrennen lässt. Die Sch sollen, angeregt durch die Frage: „Wie konnte es nur so weit kommen?", erkennen, dass sich unbewusst eine Spirale entwickelt, indem jeder dem anderen noch „eins mehr mitgibt".

Auslöser für Aggressionen „entschärfen"

Diese Erarbeitung ist weitgehend parallel zu der eben beschriebenen zu planen.

Das Endprodukt „Streitspirale" hängt mitten an der Tafel; die Ergebnisse der neuen Gruppenarbeiten werden dann darum herum an die Tafel geschrieben – am besten als Streit-Vermeidungs-Regeln: Reden statt Schlagen – Fragen statt Vermuten – Sich in den anderen hineinversetzen – Fehler bei sich selbst suchen…

Die Geschichte von Nikolaus von Flüe (▶ **Aktionskarte M 8**) bedient sich des Symbols „Knoten". Ein eskalierter Streit, der in einen Krieg auszubrechen droht, wird mit einem festgezogenen Knoten verglichen, der nur durch das Aufeinanderzugehen beider Parteien wieder gelöst werden kann, sich aber durch die Ignoranz und Sturheit beider Parteien nur verhärtet.

> Zur Gruppenarbeit müssen Bänder/Seile zur Verfügung stehen.

Die **Aktionskarte M 9** erzählt von einem weisen Kaiser, der seine Feinde zu Freunden machte, um sie zu vernichten. Die Sch können Gegensatzpaare erarbeiten, die möglicherweise auf farblich gekennzeichneten Pappkarten (jeweils 2 rote, 2 blaue,…) übertragen und zu einem Memory-Spiel zusammengestellt werden können.

Mit der **Aktionskarte M 10** kommt Jesus als Streitschlichter/-vermeider in der Blick. Aus den Friedensregeln der Bergpredigt wird auch Jesu Offenheit für alle Ausgegrenzten verständlich, die hier bildlich dargestellt werden soll.

Dazu brauchen die Sch einen großen Stapel alter Illustrierter!

Schritte zum Frieden gestalten

Zum Abschluss einer Unterrichtseinheit über Konflikte und Konfliktvermeidung sollen die Sch sich nochmals bewusst machen, dass es sich bei allen Überlegungen um ihre eigene konkrete Lebenssituation handelt. Vielleicht gibt es ein konkretes Projekt zur Streitvermeidung/Verständigung o.Ä., an dem sich die Sch beteiligen können, eine Projektwoche oder ein Schulfest zum Thema Gewalt. Ansonsten ist zumindest die folgende „kleine" Anwendung zu versuchen: Jeder Sch verfasst sein eigenes „Rezept" zur Streitvermeidung in Form eines Elfchens, das er in die Form eines Fußes einträgt (▶ **Aktionskarte M 11**; für alle Sch kopieren!): daneben könnte sich eine Gruppe zusammenfinden, die ein Plakat für die Aula gestaltet (▶ **Aktionskarte M 11**): „Keine Gewalt auf dem Schulhof" – und ebenfalls die Schritt-Symbolik (Fuß) aufnimmt; die kleinen Füße könnten darum herum angeordnet werden.

Aktionskarte:
Mattes hat Angst   M 1

– Lest den Anfang der Geschichte und bestimmt selbst, wie sie weitergehen soll!
  Weiter geht's dann bei der angegebenen Zahl.
– Ihr werdet auch zu Stellen kommen, wo ihr selbst weiterschreiben könnt!
– Entwickelt durch Ausprobieren eure eigene Lieblingsversion der Geschichte!
– Die haltet so fest, dass ihr sie später der Klasse vortragen könnt.

Mattes hat Angst

Mattes schielt auf seine Armbanduhr. Noch vier Minuten, dann klingelt es. Er muss einer der
ersten sein, der die Klasse verlässt. Heute muss er es einfach schaffen, vor Dieter an der
Mauer vorbeizukommen. Langsam schiebt er schon einmal vorsorglich das Lineal in den Fau-
lenzer, dann den Bleistift. Mist! Hausaufgaben aufschreiben! Hastig durchwühlt er den Tornister. Wo ist nur das verdammte Hausaufgabenheft geblieben, in Bio war es doch noch
da?! Wütend reißt Mattes an der Ecke des Heftes. Ratsch! Das musste ja auch noch passieren! Das Einzige, was jetzt noch zählt, ist die Zeit. Ein Blick auf die Armbanduhr verrät ihm,
dass er die nicht mehr hat: eine Minute noch.

Mattes ist das Abschreiben der Hausaufgaben wichtiger   **weiter bei 5**
Mattes macht, dass er aus der Klasse kommt   **weiter bei 7**

1 Zwei große Jungen kommen auf sie zu, der eine hat einen Motorradhelm unter den Arm
    geklemmt. Ohne zu zögern packen sie Dieter, der eine nimmt Dieters Füße, der andere
    Dieters Handgelenke, und Dieter kann noch so viel strampeln und brüllen. Der eine Junge
    winkt mit dem Kopf nach rechts. „Da rüber, Alex, schmeißen wir ihn in den Garten des
    Pfarrers, mitten in die hohen Brennnesseln."

Mattes greift ein   **weiter bei 12**
Mattes ist erleichtert   **weiter bei 14**

2 Mattes Gesicht gleicht jetzt dem einer Tomate. Er könnte im Boden versinken. Wie pein-
    lich! Seine Schwester wird sich wohl kaputtlachen, wenn Annette ihr erzählt, dass sie ihm
    helfen musste, weil ein gleichaltriger Junge aus der Parallelklasse ihn geärgert hat. Julia
    würde ihn auslachen und ihn nur noch „Schlappi" nennen. Das hatte sie schon mal
    gemacht, eine Woche lang, weil er sich im Urlaub von einem Mädchen die Sandburgen
    hatte kaputtmachen lassen, ohne sich zu wehren.
       „Annette, lass mal", quetscht Mattes mühsam hervor, „ich komme schon klar. Danke!"
    Erstaunt guckt Annette Dieter an. „Das sieht aber nicht so aus. Der Typ hat dich doch
    gerade hingeschmissen. Ich will nur dafür sorgen, dass er das nie wieder tut, Mattes."

Mattes geht darauf ein   **weiter bei 1**
Mattes bleibt dabei, das Problem alleine zu lösen   **weiter bei 11**

Fortsetzung auf Seite 137

Fortsetzung von Seite 136

3 Mattes durchquert die Pausenhalle und betritt das Hauptschulgelände. Er nimmt ein wenig Anlauf, um die Stufe hinter der Ausgangstür schnell zu überwinden. Plötzlich spürt er einen kräftigen Hieb in die Seite. Unbeholfen stürzt er die Stufe herunter und schlägt auf das Pflaster. „Hey, Versager. Du bist heute ja schnell unterwegs. Pass auf, wo du deine Riesenlatschen hinsetzt, du Trampeltier!" Dieter packt Mattes unsanft am Tornister und zieht ihn hoch, noch ein Stückchen, Mattes kommt fast auf die Beine, da lässt Dieter los und versetzt Mattes noch einen Schubs. Mattes verliert das Gleichgewicht und fällt auf die Knie. „Jetzt kniest du schon vor mir, du Versager. Schaut euch das an, der kniet vor mir", grölt Dieter über den Schulhof.
Katja und Anna laufen an ihnen vorbei.

Bekommt Mattes Hilfe?   **Schreibe weiter!**
Die Mädchen nehmen keine Notiz von Mattes' Not   **weiter bei 4**

4 Anna schaut Mattes voll Mitleid an. Sie sagt kein Wort und geht schnell weiter. Mattes wird rot und fängt an zu zittern. Er könnte jetzt heulen. Dieter packt ihn erneut und schleppt ihn hoch. „Steh auf, du Memme. Du hast doch sicher noch'n bisschen Geld dabei vom Frühstück, oder? Das wolltest du mir doch garantiert gerade schenken, hab ich Recht?"
    Lachend und schwatzend kommen Thorsten, Felix, Daniel und Sebastian auf sie zu. Felix wohnt neben Mattes, und manchmal gehen sie zusammen nachmittags an den Bach und bauen Staudämme oder fangen Stichlinge.

Was passiert wohl dann?   **Schreibe weiter!**
Die Jungen verstummen   **weiter bei 9**

5 Verärgert über seine Angst nimmt Mattes nun betont ruhig das Hausaufgabenheft heraus und klebt die abgerissene Seite mit Tesafilm wieder an. Ding Däng Dong! In der Klasse entsteht hektisches Treiben. Stühle donnern auf die Tischplatten, Tornister schnappen zu, Füße trappeln los. Mattes schreibt noch von der Tafel ab. Da steht Timo neben ihm. „Mensch, Mathe war ja wieder gähnend langweilig. Wann wir wohl endlich mal mit dem Zirkel zeichnen dürfen!"
    Mattes blickt Timo an und überlegt. Ihm war da gerade eine großartige Idee gekommen. Wenn er nur mit Timo nach Hause gehen könnte, wenigstens bis zur Kreuzung, wo sich ihre Wege trennten…?

Mattes fragt Timo, ob er mitgehen darf   **weiter bei 8**
Mattes beschließt abzuwarten   **weiter bei 10**

Fortsetzung auf Seite 138

Fortsetzung von Seite 137

6   Der Kiosk ist leer, und Mattes kommt sofort dran. Genüsslich schlürft er den Kakao, er hatte wirklich Hunger gehabt. Und das Knurren im Bauch war doch stärker als die Angst vor Dieter. Nun füllt sich die Pausenhalle langsam. Kleine Gruppen und einzelne Personen stürmen auf die Ausgangstür zu. Mattes wendet sich nach rechts, um die leere Packung in den gelben Sack zu werfen. „Na, Flasche!", hört Mattes Dieters Stimme von links. „Hast wohl gerade dein letztes Geld ausgegeben, he? Morgen sparst du gefälligst was auf für deinen besten Kumpel Dieter, ist das klar?! Sonst gibt's 'ne kleine Abreibung, du Niete!"

Mattes traut sich nicht einen Blick nach hinten zu riskieren. Es scheint eine Ewigkeit zu vergehen, bis er sich wieder bewegen kann. Dieter ist längst weg. Puh! Für heute hatte er noch einmal Glück gehabt. „Da packt ihn ein kräftiger Arm. „Hey, du! Der Junge da eben, der wollte doch Geld von dir erpressen, oder nicht?!" Der Hausmeister schaut Mattes ins Gesicht.

Mattes erzählt ihm von seiner Angst	**weiter bei 13**
Mattes beschließt besser nichts zu verraten	**weiter bei 15**

7   „Dann rufe ich eben Jens heute Nachmittag an, der kann mir sagen, was wir in Mathe aufhaben", denkt Mattes und stopft das abgerissene Heftstück eilig zurück. Ding Däng Dong! Er schnappt sich die Jacke, wirft den Stuhl auf den Tisch und rast aus dem Klassenraum. Heute ist er einer der ersten, der die Schule verlässt. Geschafft!

Nur wenige Sch überqueren schon den Schulhof, es ist wirklich noch sehr früh.

Mattes geht schnell weiter	**weiter bei 3**
Mattes kauft sich schnell noch einen Kakao am Kiosk	**weiter bei 6**

8   Mattes holt seinen Zirkel heraus. Er öffnet ein blaues Samtetui, und ein silberner blitzender Zirkel mit orangen Griff ist zu sehen. „Schau mal, den hat mir meine Oma zum Geburtstag geschenkt. Ich fände es toll, mal damit zu malen. Aber das kann ja noch dauern, bei unserm doofen Mathelehrer! Übrigens, Timo, wir haben doch fast denselben Weg nach Hause. Lass uns doch noch ein bisschen reden und gemeinsam gehen!"

Timo schaut auf seine Uhr. „Jederzeit, Mattes, nur heute holt mich mein Vater ab, weißt du, dienstags bin ich immer bei ihm, und er hasst es, wenn ich unpünktlich bin. Ich muss los. Bis dann!"

Weiter bei 3

Fortsetzung auf Seite 139

Fortsetzung von Seite 138

9 Felix schaut ihn nicht an. Die vier Jungen gehen weiter, als ob Mattes Luft wäre. Dann hört Mattes Daniel sagen: „Wohnt der nicht bei dir in der Nähe, Felix?" Felix antwortet leise: „Den kenn ich kaum." Mattes hat es genau gehört.

Und schon will Dieter gerade wieder zupacken, da sagt eine freundliche helle Stimme: „Mattes, bist du das?" Erleichtert atmet Mattes auf. Jemand kommt und rettet ihn. Jetzt schießen Tränen in seine Augen vor Glück. Annette ist die beste Freundin seiner großen Schwester und geht zur Hauptschule. Dieter hat Mattes losgelassen und sagt nichts mehr. Annette scheint die Situation aber sofort erkannt zu haben. „Mattes, ich stell dir mal zwei Freunde von mir vor. Hey, Marc, Alex, kommt doch mal her. Das ist Julias kleiner Bruder, der hat Schwierigkeiten mit dem Typen da!"

Mattes ist dankbar für die Hilfe und schweigt **weiter bei 1**

Mattes schämt sich und sagt, dass er alleine klarkommt **weiter bei 2**

10 Mattes antwortet: „Ich bin ganz froh, dass wir heute den Zirkel nicht benutzen mussten. Meiner liegt nämlich zu Hause, ich hab ihn auf dem Küchentisch vergessen." Timo grinst und geht zur Tür. „Tschüß Mattes, ich muss los, mein Vater holt mich heute ab. Vielleicht können wir uns nachmittags mal treffen? Das können wir ja morgen in Ruhe bereden. Tschau!" – Nun muss er doch allein den riskanten Weg wagen. Die Klasse ist leer, bis auf Anna und Katja, die lachend irgendwelche Fotos ansehen. Katja ist sehr schüchtern und wirklich hübsch, Anna ist eher frech, aber immer sehr nett zu Mattes. Er nimmt seinen Tornister und verlässt die Klasse. Kaum betritt er die Pausenhalle, da hört er schon Dieters Stimme. „Hey, du Trottel, warte, ich will dir eins überziehen!" Mattes rennt los. Die Ausgangstür kommt immer näher, einen Schritt noch, dann die Stufe,... und da packt Dieter zu und schleudert ihn zu Boden. Hart knallt Mattes auf das Pflaster. „Kannst du nicht hören, Flasche, ich hab gesagt, du sollst warten!" Mattes will sich aufrappeln, aber Dieter tritt zu. „Bleib gefälligst unten! Ich mag es, wenn du vor mir kniest. Na, heulst du schon?"

Tatsächlich muss sich Mattes die Tränen verkneifen. Sein Knie blutet durch die Jeans. Er hat die Stimme der Mutter im Kopf: „ Du kannst dich ja wohl wehren, mein Schatz. Du bist ja nicht gerade klein und dürr. Erzähl mir nicht, dass du ein Feigling bist!" Da hört Mattes die Stimmen von Anna und Katja. Die Mädchen kommen direkt auf sie zu.

weiter bei 4

11 Annette sagt: „Gut, wie du willst, aber meine Freunde hätten es diesem Typen gezeigt. Der hätte ganz schön was zu spüren bekommen. Aber in Ordnung, wie du meinst. Dann bestell Julia schöne Grüße. Tschau Mattes!" Jetzt sind Mattes und Dieter wieder allein.

Schreibe weiter!

Fortsetzung auf Seite 140

Fortsetzung von Seite 139

12 „Hey, ihr müsst ihn nicht in die Brennnesseln schmeißen", ruft Mattes schnell und stellt sich vor die Jungen. „Wir hatten nur eine kleine Auseinandersetzung, nicht mal richtig Streit. Das kommt bei den besten Freunden schon mal vor." Die beiden großen Jungen lassen Dieter los, und Dieter fällt auf den Bürgersteig. Der eine schaut Mattes an und sagt: „Ach so, ich dachte, dass der Typ hier mal eine kleine Lektion braucht. Auseinandersetzungen kann man nämlich schlecht führen, wenn man seinen Kumpel vorher aufs Pflaster schmeißt und schubst. So geht man doch nicht miteinander um! Das wollten wir ihm beibringen, aber wenn du meinst..." Die Jungen drehen sich um und gehen weg. Dieter rappelt sich auf.

weiter bei 16

13 Kann ihm der Hausmeister helfen? Mattes beschließt einen Versuch zu wagen. „Der ärgert mich schon seit Tagen, er fängt mich nach der Schule ab und will mir eins überziehen oder mein Restgeld haben. Dieter heißt der, und er geht in die 4d." Die Worte sprudeln nur so aus ihm heraus und Erleichterung macht sich breit. Es ist ein gutes Gefühl, wenn sich einer mal ihm zuwendet und seine Probleme ernst nimmt. Mattes' Mutter will von solchen Dingen nichts hören. „Du bist doch ein Junge, also wehr dich!", sagt sie immer. „Ich wäre morgen sowieso krank gewesen", sagt Mattes zum Hausmeister, „aus lauter Angst vor Dieters Prügel wär ich glatt zu Hause geblieben. Ich krieg auch immer gleich Fieber, wenn ich mich vor etwas fürchte." Der Hausmeister legt den Arm um ihn und schiebt ihn zum Lehrerzimmer. „Du musst das deiner Lehrerin sagen", meint er. „Der Junge macht sonst immer so weiter, und es gibt wahrscheinlich noch andere Kinder, die er bedroht."

Frau Kratzek, Mattes Lehrerin, hört sich die Geschichte ruhig an. „Jetzt verstehe ich, warum einige Kollegen sich bei mir über dein Verhalten in den letzten Minuten beschwert haben", sagt sie. „Kommen daher auch die in letzter Zeit so häufig vergessenen Hausaufgaben, Mattes?" Mattes erklärt ihr, dass er doch ganz schnell aus der Klasse muss, um vor Dieter aus dem Schulgebäude zu kommen. Frau Kratzek verspricht, dafür zu sorgen, dass ihm nichts passiert. Sie will sich bei ihren Kollegen erkundigen, ob noch andere Klagen über Dieter gekommen sind. „Ich wollte Dieter nicht reinreißen", sagt er. „Ich will nur, dass er mich in Ruhe lässt, mehr nicht." Frau Kratzek lächelt. „Mattes, das was Dieter da macht, ist ungesetzlich. Das ist kriminell, und so ein Verhalten muss ich verbieten. Wir können nicht so tun, als ob das in Ordnung wäre. Dieter muss einsehen, dass er gegen das Gesetz verstößt. Ich frage dich, glaubst du, dass Gesetze nur für Erwachsene sind? Wenn Dieter das jetzt hier in unserer Schule nicht lernt, wo und wann soll er es dann lernen? Wir tun ihm keinen Gefallen damit, wenn wir sein Verhalten gutheißen oder wegschauen und nachsichtig sind. Später wird er es viel schlimmer haben, verstehst du das?"

Fortsetzung auf Seite 141

Fortsetzung von Seite 140

In den nächsten Tagen sieht Dieter schaut oft zu Mattes herüber, sagt aber keinen Ton. Sein Blick ist nicht böse oder wütend wie sonst immer. Da fällt Mattes auf, dass Dieter immer allein unterwegs ist, er hat nie einen Freund dabei. „Kein Wunder, dass man sich blöd verhält, wenn man niemanden hat, der einem mal zuhört", denkt Mattes – und beschließt, daran etwas zu ändern.

Wie könnte die Geschichte weitergehen?

14 Mit einem Klatscher landet Dieter in den hohen Brennnesseln. Er wimmert. Die Jungen drehen sich zu Mattes um und sagen: „So, der lässt dich jetzt bestimmt in Ruhe, und wenn nicht, dann sagst du es uns und wir kümmern uns darum, okay, Kleiner?!"

Mattes nickt stumm. Er bewundert so viel Kraft und Mut. Das hätte er allein nie geschafft. Dieter hätte ihn noch wochenlang weiter geärgert, und keiner hätte ihm helfen können. Da richtet sich Dieter auf. Sein Gesicht und seine Arme sind mit feuerroten Pusteln übersät. Ohne Mattes anzusehen, stürzt er davon.

Mattes geht langsam nach Hause. Er grübelt. Irgendwie fühlt er sich jetzt überhaupt nicht besser, obwohl er keine Angst mehr vor Dieter zu haben braucht. Merkwürdig.

Kannst du verstehen, warum er sich nicht besser fühlt?

15 Mattes schaut sich nervös um. Eine Petze ist er nicht! „Ach, es war nichts, ist schon gut", sagt er. Der Hausmeister lässt ihn los, und Mattes rennt schnell aus der Halle heraus nach Hause.

In der Nacht bekommt er kein Auge zu. Völlig übermüdet sitzt er am nächsten Tag wieder in der Schule und wartet ängstlich auf den Gong. Heute hat er nur vier Stunden, also stehen die Chancen gut, heil nach Hause zu kommen. Er braucht sich auch nicht so zu beeilen, und packt in Ruhe seine Tasche ein. Die Pausenhalle ist schon recht leer, und Mattes hofft, dass Dieter noch Unterricht hat. Aber kaum biegt er um die Ecke, erkennt er seinen Irrtum. Grinsend steht Dieter breitbeinig vor ihm. „Hey, Niete! Wie geht's dir? Ich hab schon auf dich gewartet." Dieter schlägt drohend seine Faust in die flache Hand. Jetzt kommt er auf Mattes zu, der wie versteinert stehen bleibt. Ein Griff an seinen Tornister, ein Dreher über Dieters Knie und Mattes liegt auf dem Pflaster. Dieter grölt über seinen Triumph. Mattes will sich gerade aufrappeln, da biegt Annette, die beste Freundin seiner großen Schwester, um die Ecke und bleibt stehen. „Mattes?", fragt sie verdutzt. „Hast du Probleme? Warte, ich hole mal eben meine beiden Freunde, die regeln das für dich." Und tatsächlich kommen zwei große Jungen auf sie zu. Dieter kann sich nicht wehren, sie packen ihn an den Hand- und Fußgelenken und tragen ihn zum Zaun des Pfarrgartens, der mit hohen Brennnesseln bedeckt ist. „Los, den schmeißen wir bei Drei rein!", sagt der eine Junge.„Eins,… zwei,…

weiter bei 12

Fortsetzung auf Seite 142

Fortsetzung von Seite 141

16 „Wieso hast du das gemacht?", fragt er total verblüfft. Mattes grinst ihn an. „Das haben die beiden doch gerade gesagt. So geht man nicht miteinander um. Wenn ich nicht will, dass du mich verprügelst, warum sollte ich dann zugucken, wie andere dich in meinem Namen verhauen?" Er lässt den völlig verdatterten Dieter stehen, geht nach Hause und fühlt sich zum ersten Mal richtig stark. So hatte er es noch keinem gezeigt! Und Dieters Gesicht würde er niemals vergessen.

Sibylle Hassels

Aktionskarte:
Eseleien

M2

– Die „Eseleien" sind ein kurzer Comic zum Thema „Streit":
Versucht, in einem einzigen Satz möglichst genau
auszudrücken, was die beiden Esel in der Szene lernen!

– Denkt euch selbst eine einfache Streit-Geschichte aus,
die ihr als Comicstrip gestalten könnt! –
Achtung: Wenn ihr menschliche Helden verwendet,
kommt es besonders darauf an, eindeutige Gesichtsaus-
drücke (und -haltungen!) zu zeichnen!

Aktionskarte:
Warum?

M3

– Ihr seht hier viermal jeweils die Schlussszene eines Comicstrips –
beschreibt, was dort an Streit/Gewalt geschieht!
– Denkt euch jeweils Vorgeschichten aus, die aus einer friedlichen Ausgangssituation
zu der dargestellten Gewalt geführt haben mögen!
– Schreibt oder malt sie auf!

Aktionskarte: „Dickerchen"

M 4

– Beschreibt die dargestellte Szene!

– Malt das folgende Bild!

– Wie wäre die Szene ohne das Wort „Dickerchen" verlaufen? Wie wäre sie verlaufen, wenn das Wort „Dickerchen" dem Angesprochenen nichts ausgemacht hätte? – Zeichnet eine „entschärfte" Version!

– Findet die „Wachstumsstufen" des Streits und zeichnet sie in die Spirale ein (von innen = wenig nach außen = stark)!

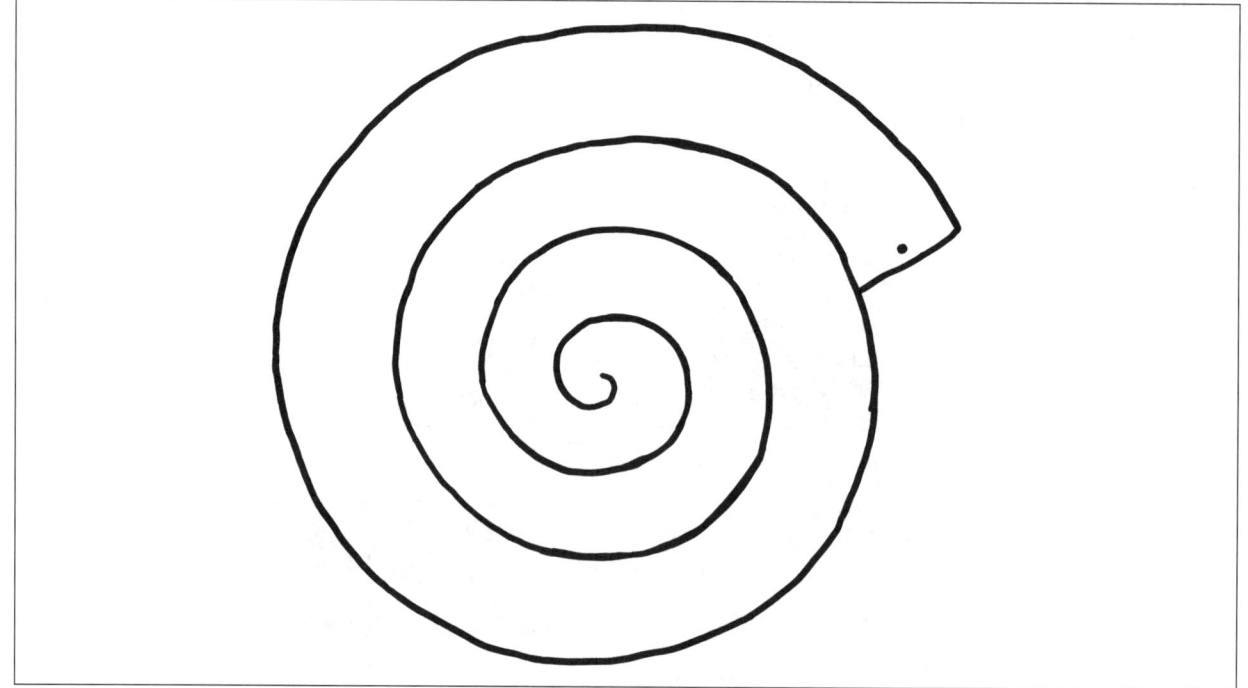

Aktionskarte:
„Kampfszenen"

– Wenn jemand wütend ist, kann man das meistens schon an seiner Haltung ablesen: Probiert aggressive Haltungen aus – erst jeder für sich, dann vielleicht mit einem Partner oder als Gruppe („Kampf")! Achtung: Ihr dürft euch nicht berühren!

– Nun schneidet ihr die Glieder der Gliederpuppe (Kopien!) aus und legt sie so zusammen, dass eure Figuren aggressiv aussehen (drohend, angreifend, mitten im Kampf)! Legt sie auf einen dunklen Hintergrund, um die Wirkung zu testen, und klebt sie dann zusammen!
Achtung: Nicht am Hintergrund festkleben; sie kommen nachher auf ein gemeinsames Poster!

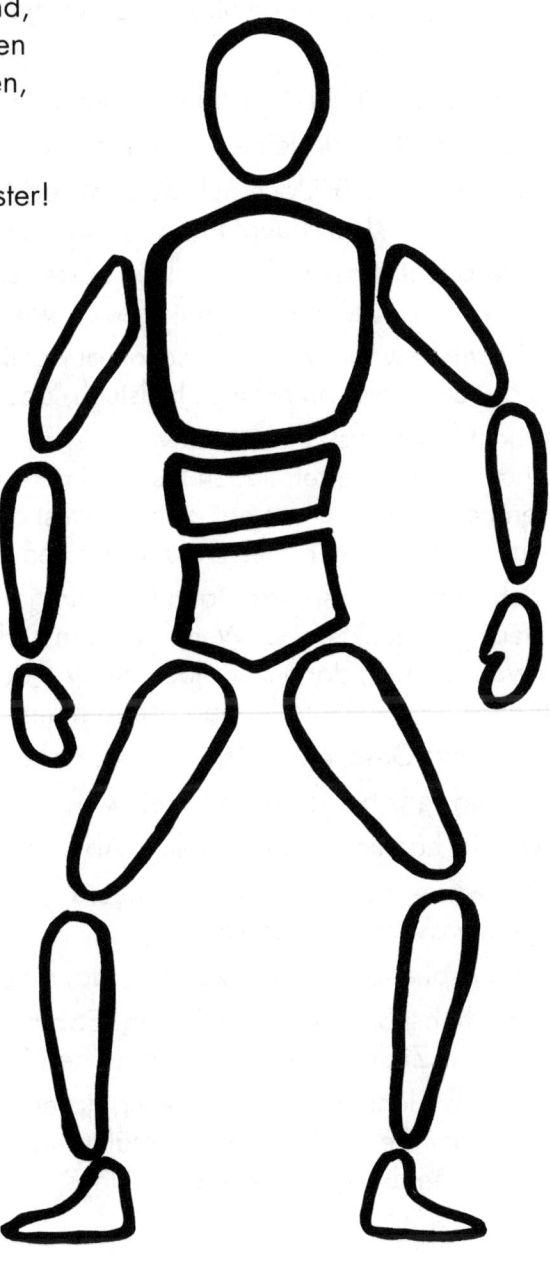

Infokarte:
Geschwisterstreit   **M6**

Sabine: Katja, hast du meinen grünen Pulli gesehen?

Katja: Nee, hab ich nicht.

S: Jetzt überleg doch mal! Du hattest ihn doch schließlich zuletzt.

K: Mensch, das ist schon über eine Woche her! Den hast du längst zurück!

S: Hab ich nicht.

K: Das würde ich jetzt auch behaupten.

S: Du blöde Kuh, da leihe ich dir mal was, und jetzt ist dir scheißegal, ob…

K (unterbricht): Hör doch auf, du Stinktier! Ich brauch deinen Kram nicht! Überhaupt finde ich, dass…

S (unterbricht): Lass mich gefälligst ausreden. Man kann dir wirklich nichts anvertrauen! Da sieht man's mal wieder, wie du mit Sachen umgehst, die anderen gehören!

K: Gar nicht wahr! Ich passe schon auf geliehene Sachen auf, ich bin ja nicht so bescheuert wie du. Denk mal an Mamas Halstuch, das hast du vollgekleckert, du Schrumpfhirn!

S (lacht Katja aus): Ach, und was hast du mit dem Walkman deiner Freundin gemacht, he? Du hast ihn im Garten liegen lassen, im Regen. Du hattest Glück, dass sie zum Geburtstag einen neuen bekommen hat, sonst hättest du ein Jahr Taschengeld sparen müssen, wo du doch sowieso immer alles Geld für totalen Schwachsinn ausgibst!

K: Schwachsinn also, ja? Dann kann ich ja den Schwachsinn wieder haben, den ich dir gestern geschenkt habe. Wenn du meinst, dass der Kugelschreiber mit Sichtfenster Schwachsinn ist, dann sieh doch zu, wie du deine nächste Klassenarbeit ohne Mogelzettel schreibst. Gib ihn wieder her! (Katja nimmt Sabine den Kugelschreiber weg.)

S (kreischt): Geschenkt ist geschenkt, Pickelgesicht!

K: Wenigstens bin ich nicht so fett wie du.

S: Du bist hässlich, ich bin mollig. Aber ich kann abnehmen, und du?

K: Na warte, du Hexe, wenn du heute Nacht friedlich schläfst, dann werde ich dir schon zeigen, was ich machen kann!

S (geht drohend auf Katja zu): Na, dann zeig's mir doch jetzt, du Feigling!

Katja schubst Sabine von sich weg. Sabine schlägt Katja auf die Schulter. Da betritt die Mutter das Zimmer. Sie hat einen grünen Pulli über den Arm gelegt.

M: Was ist denn hier los? Das klingt ja entsetzlich. Was sollen bloß die Nachbarn denken!? Ich hab bei diesem Pullover die Nähte nachgenäht, die sahen so abgefleddert aus. Wem von euch beiden gehört der eigentlich?

Sibylle Hassels

Aktionskarte:
Geschwisterstreit   M6

– Lest Infokarte M 6 mehrfach mit verteilten Rollen! Die Leserinnen dürfen sich dabei gern in ihre Rollen „hineinsteigern"!
– Wie geht es Katja und Sabine, als ihre Mutter ihnen den Pullover bringt? Erweitert die Szene um je drei weitere Äußerungen der Mädchen!
– Welches Verhalten von Sabine und Katja fördert den aufkommenden Streit?
  Und wieso wird's eigentlich immer schlimmer?
– Erfindet eine Streit-Kette: Ein Wort gibt das andere und es wird immer schlimmer!
  Tragt diese Kette anschließend in die Streitspirale ein
  (von innen = harmlos nach außen = heftig):

Kette   Ich:
          Du:
          Ich:
          Du:
          Ich:
          Du:
          Ich:
          Du:

Infokarte:
Der Honigtropfen   M7

Ein Jägersmann pflegte in der Steppe wilde Tiere zu jagen. Und da kam er eines Tages zu einer Höhle im Gebirge und fand in ihr ein Loch voll Bienenhonig. Er schöpfte etwas von jenem Honig in einen Schlauch, den er bei sich trug, legte ihn über die Schulter und trug ihn in die Stadt; ihm folgte sein Jagdhund, ein Tier, das ihm lieb und wert war.

Beim Laden eines Ölhändlers blieb der Jäger stehen und bot ihm den Honig zum Kaufe an; da kaufte ihn der Mann im Laden. Dann öffnete er den Schlauch und ließ den Honig auslaufen, um ihn zu besehen. Dabei fiel ein Honigtropfen aus dem Schlauche auf die Erde. Nun sammelten sich die Fliegen um ihn, und auf die schoss ein Vogel herab. Der Ölhändler aber hatte eine Katze, und die sprang auf den Vogel los. Als der Jagdhund die Katze sah, stürzte er sich auf sie und biss sie tot. Da sprang der Ölhändler auf den Jagdhund los und schlug ihn tot; und zuletzt erhob sich der Jäger wider den Ölhändler und erschlug ihn.

Nun gehörte der Ölhändler in das Dorf, der Jäger aber in ein anderes. Und als die Bewohner der beiden Dörfer die Kunde vernahmen, griffen sie zu Wehr und Waffen und erhoben sich im Zorn wider einander. Die beiden Schlachtreihen prallten zusammen, und das Schwert wütete lange unter ihnen, bis dass viel Volks gefallen war, so viele, dass nur Allah der Erhabene ihre Zahl kennt.

Die Erzählungen aus Tausendundein Nächten.
Aus dem Arabischen von Enno Littmann, © Insel Verlag Frankfurt

Aktionskarte:
Der Honigtropfen   M7

- Du brauchst eine Infokarte M7! Lies dir die Geschichte durch und mach dir Stichworte!
- Ein Fremder kommt in die Kriegsgegend und möchte gern wissen, warum sich die Völker bekämpfen. Schreibe ein kurzes Gespräch auf, in dem ein Dorfbewohner den Zustand zu erklären versucht. Denke dabei an die Reaktion des Fremden.
- Zeichne die Streitspirale auf ein großes Blatt und fülle sie – von innen = harmlos nach außen = ernst – mit den einzelnen Stationen des Kriegsbeginns aus (Stichworte)! Du kannst sie auch farbig gestalten.

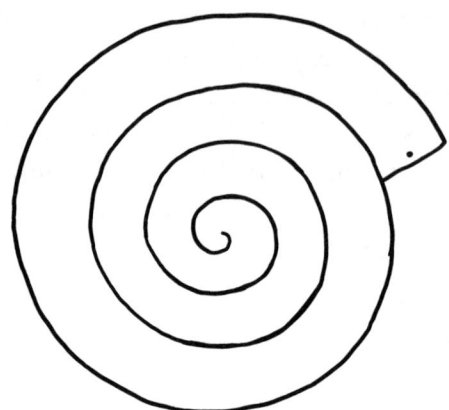

Aktionskarte:
Der Knoten   M8

Zum Schweizer Einsiedler Nikolaus von Flüe, einem weisen Mann, der auch schon zu Lebzeiten als Heiliger verehrt wurde, kamen eines Tages Menschen, die ihn um Rat bitten wollten. Der Rat der Städte Konstanz und Bern waren in einen erbitterten Streit geraten, und es sah aus, als ob es zum Krieg kommen sollte.

Da nahm Nikolaus von Flüe den Gürtel seiner Kutte ab, das war ein einfacher Strick. Er nahm beide Enden und schlang sie ineinander, so dass sich in der Mitte des Seils ein Knoten bildete. Dann griff er die Enden wieder und zog daran, der Knoten wurde fester.

„Seht ihr", sprach er, „wenn beide immer noch kräftiger ziehen, werdet ihr den Streit nicht lösen." Seine Hände trafen sich beim Knoten, berührten sich gegenseitig und lösten den Knoten.

„Seht ihr," sagte er, „ihr müsst aufeinander zugehen, dann geht`s ganz einfach."

Gehört beim Gebet der Religionen von Prof. Horst Pöhlmann, 13.2.1999

- Nehmt ein Seil und spielt diese Handlung nach!
- Ihr seid die Ratsuchenden und sollt den Streitenden nun den Rat von Nikolaus von Flüe erklären. Spielt die Szene und schreibt kurz auf, wie die Geschichte weitergehen könnte!
- Überlegt für die spätere Auswertung: Welches ist – nach dieser Geschichte – euer wichtigstes Stichwort zur „Entschärfung" der Streitspirale?

Aktionskarte:
Der weise Kaiser **M9**

Von einem alten chinesischen Kaiser wird berichtet, dass er das Land seiner Feinde erobern und sie alle vernichten wollte. Später sah man ihn mit seinen Feinden speisen und scherzen. „Wolltest du nicht die Feinde vernichten?", fragte man ihn.
„Ich habe sie vernichtet", gab er zur Antwort, „denn ich machte sie zu meinen Freunden!"

Aus: RL 2/85

– Lest die kurze Geschichte: Wieso wird der Kaiser als weise bezeichnet?
– Überlegt für die spätere Auswertung: Welches ist – nach dieser Geschichte – euer wichtigstes Stichwort zur „Entschärfung" der Streitspirale?
– Findet Gegensatzpaare!

Böses – ?; Kompromisse finden – ?; Gewalt – ?; Krieg – ?;
Nicht zuhören – ?; Verzeihen – ?; Akzeptieren – ?;
Verstehen – ?; Widerworte geben – ?;
Immer das letzte Wort haben – ?;
Geduld – ?; Streit – ?

Infokarte:
Aus der Bergpredigt (Mt 5,38-48)   M 10

Ihr kennt das Gesetz: Auge um Auge, und Zahn um Zahn. – Ich sage euch aber: Leistet der Bosheit anderer nicht Widerstand. Im Gegenteil, wenn dich einer auf die rechte Wange schlägt, so halt ihm auch die linke hin. Und wenn dir einer deine Kleidung nehmen will, dann gib ihm auch noch deinen Mantel dazu. Und wenn dich einer zwingen will, eine Meile mit ihm zu gehen, um seine Sachen zu tragen, dann gehe zwei Meilen mit ihm. Und wenn dich jemand um etwas bittet, so gib es ihm, und will sich einer etwas von dir ausleihen, so wende dich nicht ab.

Ihr kennt das Gesetz: Du sollst deinen Mitmenschen lieben und deinen Feind hassen. – Ich aber sage euch: Liebt eure Feinde, und betet für die, die euch ärgern und plagen. So seid ihr Kinder eures Vaters im Himmel, denn er lässt die Sonne über den Guten scheinen wie über den Bösen, und regnen lässt er über die Gerechten genau wie über die Ungerechten. Wie kann euch Gott belohnen, wenn ihr nur die liebt, die auch euch lieben? Das tut ja jeder!

Bearbeitet von S. Hassels

Jesus ruft Levi (Lk 5,27-32)

Jesus zog durch das Land. Unterwegs traf er einen Zolleinnehmer, der Levi hieß und am Stadtzoll saß. Jesus sagte zu ihm: „Komm mit mir!" Levi ließ alles liegen, stand auf und ging mit ihm. Dann gab Levi für Jesus ein großes Festessen. In Levis Haus saßen viele andere Zolleinnehmer und Bekannte mit bei Tisch. Als die Pharisäer und ihre Schriftgelehrten das erfuhren, beklagten sie sich und fragten: „Warum esst und trinkt ihr mit solchen Zolleinnehmern und Leuten, die das Gesetz nicht halten?"

Jesus antwortete ihnen: „Nicht die Gesunden brauchen einen Arzt, sondern die Kranken. Ich bin doch nicht gekommen, um die zu mir zu rufen, die das Gesetz halten, sondern die anderen, damit sie sich bessern.

Bearbeitet von S. Hassels

Aktionskarte:
Bergpredigt   M 10

– Lest euch den Auszug aus der Bergpredigt auf Infokarte M10 durch!
  Macht eine Checkliste:

Vorschlag Jesu	„Ist mir möglich"	„Finde ich schwer"	„Unmöglich"

– Überlegt für die spätere Auswertung: Welches ist – nach diesem Text – euer wichtigstes
  Stichwort zur „Entschärfung" der Streitspirale?
– Lest den Levi-Text auf Infokarte M 10! Warum hat Jesus keine Scheu, mit Außenseitern zu
  verkehren? Denkt an die Bergpredigt: Seht ihr einen Zusammenhang?
– Zeichnet auf ein großes Blatt einen Tisch! In der Mitte sitzt Jesus! Schneidet nun aus Zeit-
  schriften Menschen aus, die mit Jesus am Tisch sitzen sollen, und klebt sie auf!

Aktionskarte:
Elfchen   M 11

Streiten
hört meistens
nicht von alleine
auf. Aber manchmal hilft
jemand.

– Schreibe auch ein elf-Wörter-Gedicht, ein „Elfchen" zum Thema:
  Welchen Schritt zum Frieden kann ich tun?

_____

_____ _____

_____ _____ _____

_____ _____ _____

_____

– Schreibe dein Elfchen in den Fuß (Kopie)
  und schneide ihn aus!

Aktionskarte:
Friedensregeln

- Erfindet Friedensregeln für euren Pausenhof!
- Schreibt sie in einen großen Fuß (s. Skizze) und gestaltet daraus einen
  auffälligen Aushang!

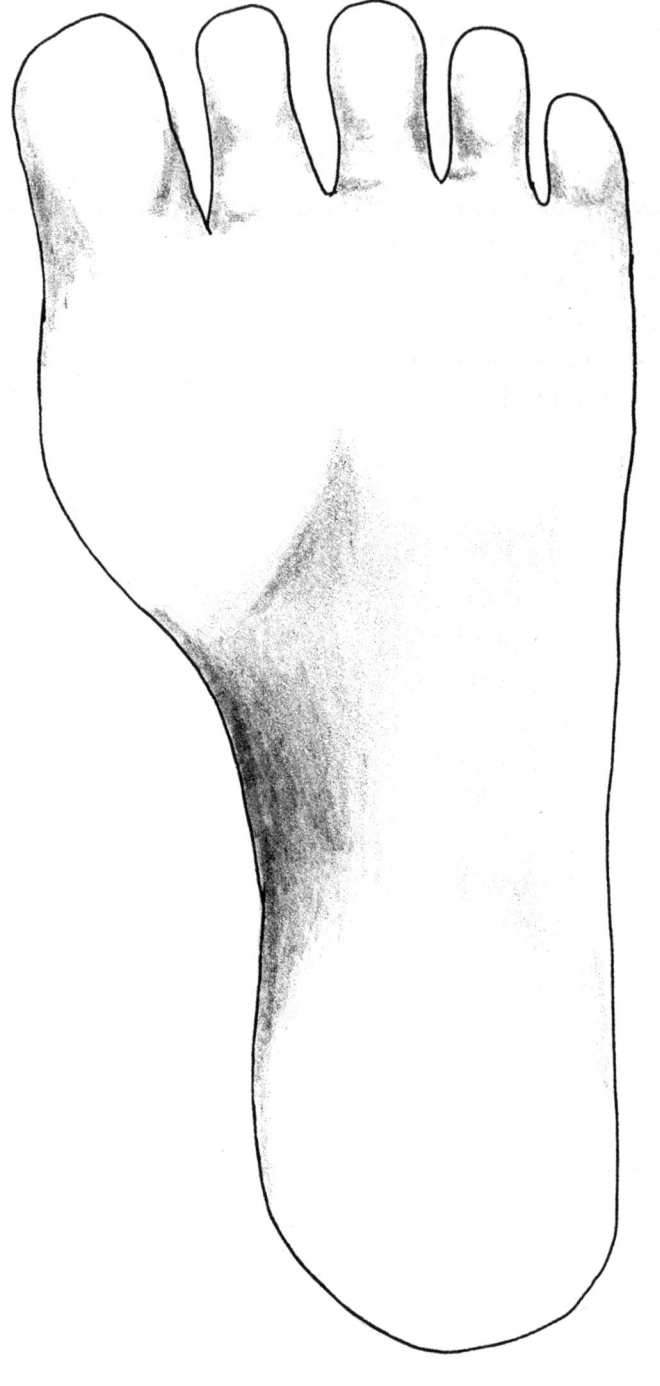

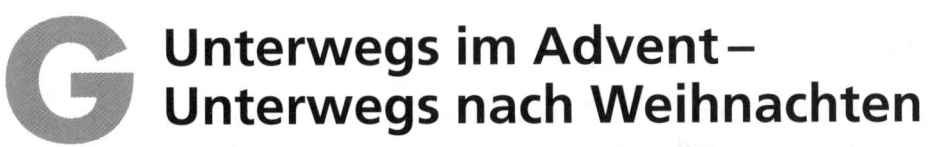

G Unterwegs im Advent –
Unterwegs nach Weihnachten

Advents- und Weihnachtsbräuche

Der „Geist von Weihnachten"

Lebendige Krippenfiguren

1. Thematisches Stichwort

Alle Jahre wieder ... Advent und Weihnachten stellen jedes Jahr an jede Religionslehrkraft besondere Anforderungen in Sachen Einfallsreichtum und Variation. Die Freiarbeitsvorschläge können entlasten – und neue intensive Begegnungen mit dem allzu Bekannten initiieren.

Hier seien zunächst einige Leitgedanken skizziert, aus denen sich die Vorschläge speisen:

Advent heißt Ankunft. Gott möchte bei uns ankommen. Warten wir überhaupt auf ihn? Die Adventszeit ist eine Einladung

– zur Stille und Ruhe
– zum Aufbruch und Ausruhen
– zum Sehen und Hören
– zum Riechen und Schmecken
– zum Fühlen und Träumen
– zum Sprechen und Schweigen.

Advent/Weihnachten bedeutet (u.a.): Erwartungen, Vorfreude, geheimnisvolle Zeit, Zeit der Dunkelheit und des Lichts, Zeit der Düfte und Klänge, Warten auf die Ankunft Gottes, seine Menschwerdung.

Lange bevor es das Weihnachtsfest im Jahresfestkreis gab und man die vier Sonntage vor Weihnachten als Vorbereitungszeit auf Weihnachten Advent nannte, verband die frühe Kirche mit dem Advent die Erwartung auf die Wiederkunft Christi.

„Advent hieß die Hoffnung auf endgültige Rettung über den Tod hinaus, auf das Reich Gottes, dass es sich für alle Welt vollende"[1]. Später verengte sich der Advent zur Vorbereitungszeit auf das Geburtsfest Christi.

Das christliche Brauchtum der Advents- und Weihnachtszeit mischte sich mit den vorchristlichen Traditionen zur Zeit der Wintersonnenwende.

Weihnachts- wie Vorweihnachtszeit sind so voller Symbole, Riten und Bräuche wie keine andere Zeit des Jahres – eine wunderbare Gelegenheit, mit Kindern unter die Oberfläche zu sehen und tiefere – religiöse – Bedeutungen zu entdecken.

Die erarbeiteten Materialien eignen sich zudem zur Präsentation bei den – alle Jahre wiederkehrenden – Weihnachtsfeiern.

2. Intentionen

– Begegnung im Advent soll dazu beitragen, Gottes Liebe zu den Menschen erfahrbar werden zu lassen.

– Die zusammengetragenen Anregungen und Ideen sollen Sch und L anregen, das vorweihnachtliche Miteinander neu und bewusst zu gestalten: besinnlich, nachdenklich und vor allem kreativ.

---

1 Nach H. Halbfas, Religionsunterricht in der Grundschule, Lehrerhandbuch 1, S. 137

3. Literatur

Adventskalender, Wir sagen euch an, Bistum Essen (Hg.), Bestell-Telefon 0201/2204-404

Andere Zeiten e.V. (Hg.), Der andere Advent, Hamburg (Meditationskalender) Bestell-Telefon (040) 413224-43

Dohmen, Christoph, Von Weihnachten keine Spur? Herder Verlag, Freiburg 1996

Franziskaner in Bardel, Adventsmeditationen, Klosterstr. 11, 48455 Bad Bentheim

Gaarder, Jostein, Das Weihnachtsgeheimnis, Carl Hanser Verlag, München 1998

Halbfas, Hubertus, Religionsunterricht in der Grundschule, Lehrerhandbücher 1, 3 und 4, Patmos Verlag, Düsseldorf 1983

Kuppig, Kerstin, Das Weihnachts Mitmachbuch, Herder Verlag, Freiburg im Breisgau 1997

Mack, Cornelia, Praxisbuch Weihnachtsanspiele, Häussler Verlag, Holzgerlingen 1999

Mack, Cornelia, Werkbuch Weihnachten, Brunnen Verlag, Gießen 1996

Ohlemacher, Renate und Jörg, Es leuchtet uns ein heller Stern, Geschichten zur Advents- und Weihnachtszeit, Ernst Kaufmann Verlag, Lahr 2001

Schwikart, Georg, Materialbuch Advent und Weihnachten, Matthias- Grünewald- Verlag, Mainz 1994

Weihnachten ist nicht mehr weit, Neue Advents- und Weihnachtslieder von R. Kreuzer u. D. Jöcker, Menschenkinder Verlag, Münster 1986

Willers-Vellguth, Christine, Neue Hirten- und Krippenspiele, Uns ist ein Kind geboren, Herder Verlag, Breisgau 2000

4. Orientierungsseite

Wo können *welche* Freiarbeitselemente *was* leisten?

Phase	Inhalte	FA-Elemente	FA-Materialien
Einstieg	**Einen Adventsweg gestalten**	Zugänge zu Weihnachten finden im Arbeiten am gemeinsamen Projekt	M 1 Adventsweg s. „Erläuterungen"
Erarbeitung	**Advents- und Weihnachtsbräuche kennen lernen und bewerten**	Recherche (Interviews, Nach-schlagewerke und Zeitungen/Zeit-schriften)	M 2 Advents- und Weihnachtsbräuche mit den Aufgaben a-d (wahlweise)
Vertiefung	**Den Geist von Weihnachten suchen und (wieder-) entdecken**	Lernzirkel: In Spiel, Karikatur und Märchen als Kleingruppe auf Spurensuche gehen	M 3 Ja-/Nein-Spiel *oder* M 4 Karikatur *oder* M 5 Der Stern mit der Aufgabe a
Ergebnissicherung	**Die Weihnachts-geschichte neu gestalten**	In Partner- oder Gruppenarbeit Rollencharaktere entwickeln und zur Aufführung bringen	M 6 mit den Aufgaben a- i (wahlweise)

5. Erläuterungen zu den Freiarbeitsvorschlägen

Der Adventsweg

Einen Adventsweg zu basteln, ist ein Klassenprojekt, nicht aber Freiarbeit im engeren Sinn. Ich habe mich dennoch entschlossen, einen entsprechenden Vorschlag zu machen – und stelle den Kolleg*innen* anheim, so freiarbeitlich wie möglich damit zu verfahren:

Wenig Vorgaben machen (z.B. ▶ **Aktionskarte M 1** an alle Sch oder Partnergruppen austeilen – rechtzeitig(!), denn es sollen Materialien gesammelt und mitgebracht werden!), die Sch zum Experimentieren ermutigen, evtl. zunächst in Kleingruppen Entwürfe ausarbeiten lassen, die dann diskutiert und einvernehmlich umgesetzt werden.

Der Adventsweg im Klassenraum ist für meine Sch der Mittelpunkt in der Adventszeit. Mit zunehmendem Licht Tag für Tag bietet er jeden Morgen eine gute Einstimmung in den Tag. Man kann ein Lied singen, ein Gebet sprechen oder eine kurze Geschichte lesen.

Material, das L bereitstellen sollte:

schwarze Folie
Torfmull
Dickere Kieselsteine oder Klinkersteine
Teelichter

Advents- und Weihnachtsbräuche

Die Recherchen lassen Sch erkennen, was Menschen in der Vorweihnachtszeit beschäftigt, was wesentlich und unwesentlich für Advent und Weihnachten ist. Sie werden auch merken, dass das eigentlich entscheidende Weihnachtsereignis, die Geburt Jesu, kaum noch eine Rolle spielt.

Damit die Gruppenarbeit gelingt, muss L rechtzeitig zum heimischen Materialsammeln auffordern; Eltern, Bekannte, die Nachbarschaft sind nachmittags zu befragen, Weihnachtskarten, Abbildungen und Überschriften aus Illustrierten und Zeitungen rechtzeitig gezielt zu sammeln; es wird gut sein, die **Aktionskarten M2a-d** im Vorfeld auszuteilen und später nur noch die Auswertung im Klassenzimmer vorzunehmen (erst in Gruppen, dann im Plenum). Außerdem müssen im Klassenzimmer geeignete Nachschlagewerke zur Verfügung stehen – sowie grüner und gelber Fotokarton für die Collagen.

Für die Collagen ist evtl. auch eine Vorlage „Stern" nötig: z.B. folgende:

Einige Infos zu den wichtigsten Weihnachtsbräuchen:

Barbarazweige, 4. Dezember: Barbaratag

Die Heilige Barbara starb in der Zeit der Christenverfolgungen für ihren Glauben. Wir stellen Kirsch- oder Forsythienzweige in die Vase, die dann zu Weihnachten blühen. Sie sind ein Zeichen für neues Leben, das Jesus bringt (Spross aus der Wurzel Jesse).

Dreikönigssingen, 6. Januar: Dreikönigstag

Es erinnert an die drei Weisen, die zum neugeborenen König der Juden kamen, um ihm zu huldigen. Heute ziehen Kinder und Jugendliche durch die Gemeinde, singen und sammeln Geld für Not leidende Kinder in der Welt (Sternsingen).
Sie schreiben einen Segensspruch an die Tür:
20 + C + M + B + 02
Christus mansionem benedicat =
Christus segne dieses Haus

Tannenbaum

Den Tannenbaum gibt es etwa ab dem 17. Jahrhundert. Er geht auf vorchristliches Brauchtum zurück und verbreitete sich im 19. Jahrhundert über ganz Europa. Die grünen Zweige sind Zeichen der Hoffnung und des Lebens. Der Tannenbaum erinnert uns an den Paradiesbaum, an dem die Früchte des Lebens hingen, heute symbolisiert durch Kugeln, Nüsse usw.

Adventskranz

Den Adventskranz gibt es seit Mitte des vorigen Jahrhunderts. Der Kranz wird gebunden aus grünen Zweigen. Sie sind Zeichen der Hoffnung. Die vier Kerzen symbolisieren die vier Adventssonntage und deuten an, dass es immer heller wird.

Krippe

Maria legte Jesus in eine Krippe. Um ca. 350 wird eine Krippe aus Bethlehem nach Rom gebracht. In Italien gab es da schon Krippen in den Kirchen. Im Jahr 1223 hat Franz v. Assisi die Krippendarstellung erneut aufgegriffen. Die Franziskaner verbreiteten sie allerorts. Schon bald standen Krippen in Kirchen, Schulen und Privathäusern.

Der Geist von Weihnachten

Die Sch auf die Suche nach dem „Geist von Weihnachten" zu schicken, bedeutet, ihnen möglichst vielfältige Gelegenheiten zur Begegnung mit Anschauungen und Formen der Begehung des Festes zu geben. In einem Lernzirkel können Gruppen je eine der vier vorgestellten Zugehensweisen wählen, damit eigene Erfahrungen machen und diese hinterher ausführlich präsentieren. Selbstverständlich ist es auch möglich, eine der Aufgaben für die gesamte Gruppe auszuwählen und diese vorzugeben.

Für das Spiel (▶ **Aktionskarte M 3**) muss **Basiskarte 4 mit den Anhängen a und b** in ausreichender Menge kopiert werden – jedes Gruppenmitglied muss alle drei Karten (Ja, Nein, Joker) und den Antwortplan erhalten. Damit der Erfahrungsgewinn aus dem Spiel greifbar wird, ist die Gruppe gebeten, drei „Aha-Erlebnisse" zu formulieren. Diese sollten im Plenum gehört und erörtert werden.

Auch die Karikatur (▶ **Aktionskarte M 4**) und das Märchen (▶ **Info-/Aktionskarte M 5**) geben Präsentationsmöglichkeiten für das Plenum vor, die unbedingt aufgegriffen werden sollten.

Der biblische Bezug, vor dessen Hintergrund das Märchen (▶ **Info-/Aktionskarte M 5**) zu verstehen ist, findet sich in Johannes 1,11: „Er kam in sein Eigentum und die Seinen nahmen Ihn nicht auf"; der Stern in der Geschichte bringt Licht und Lebendigkeit.

Zu besorgen sind für M 5:
glaslose Diarähmchen
Architekten- oder Pergamentpapier.

Übrigens: Die Ergebnisse dieser Sch-arbeiten lassen sich gut auf einer Adventsfeier oder einem Elternabend präsentieren.

Die Weihnachtsgeschichte

Über Rollenidentifikationen werden hier individuelle Zugänge zur Weihnachtsgeschichte bzw. der Krippenszene gesucht. Neun Charaktere (erweiterbar!) stehen zur Verfügung, die die Sch zunächst in Partner-/ Kleingruppenarbeit (je nach Klassenfrequenz) konzipieren, um sie dann mit den anderen ins Gespräch zu bringen. Die einfachste Variante des Spiels: Eine vergrößerte Kopie des Deckblattes des Kapitels (Fensterbild: Krippendarstellung) wird an Tafel/Flipchart geheftet, L zeigt auf eine Figur und die betreffende Gruppe lässt sie dann sprechen. Aufwendiger, aber auch interessanter: Alle Rollen treten gemeinsam auf, stellen die Krippenszene dar (kenntlich an sparsamen Requisiten) und improvisieren eine Unterhaltung.

Evtl. Requisiten zur Auswahl:
Kopftuch
Hirtenstab
Krone
„Turban"
Schnuller
Filz – Gummiband – Pappe –
Silber-/Goldfolie (für Eselsohren, Flügel, Heiligenschein u.Ä.)

Tipp: Die Weihnachtsgeschichte kann beim schulischen Weihnachtsfest vorgespielt werden, vielleicht auch im Altersheim oder Kindergarten. Das erhöht die Probenbereitschaft!

Aktionskarte:
Adventsweg   **M 1**

– Besorgt euch „Zutaten" eurer Wahl – z.B. Moos, Tannenzapfen, Tannenzweige, kleine Baumwurzeln, Kieselsteine/Aquariumkies – für den *Weg* und gestaltet eine Landschaft.
– Als Krippe könnt ihr eine Baumwurzel (Höhle) wählen oder einen kleinen Holzstall basteln.

Menschen und Tiere machen sich auf den Weg.
– Bringt kleine Figuren aus Holz oder Ton mit. Die überhängende Folie beklebt ihr mit kleinen gelben Sternen aus Fotokarton.

– An den Weg stellt ihr 24 Teelichter. Jeden Morgen wird eine Kerze mehr entzündet.

Ihr habt sicher noch viel mehr Ideen!

Vorbereitung im Klassenraum:
– Stellt mehrere Tische zusammen und
– deckt sie mit schwarzer Folie ab.
– Als Tischbegrenzung nehmt ihr die Steine.
– Anschließend füllt ihr Torfmull auf die Tische.
  Nun könnt ihr gestalten…

Aktionskarte:
Interview   **M 2a**

– Befragt zu Hause eure Eltern und Großeltern nach Advents- und Weihnachtsbräuchen! Was wissen sie über ihre Bedeutung und Herkunft?

  Hier die Bräuche, nach denen ihr fragen solltet:
  ○ Barbarazweige
  ○ Sternsingen
  ○ Tannenbaum
  ○ Adventskranz
  ○ Krippe

– Zeichnet die Interviews auf und bringt die Ergebnisse mit in den Unterricht!
– Informiert euch selbst anhand der vorhandenen Nachschlagewerke und wertet eure Interviews aus. (z.B. pro Interview-Partner: 1,2, 3, 4 oder 5 Punkte; wie viele der Interviewten erreichen die Höchstpunktzahl, wie viele wussten überhaupt nichts?)
– Schreibt für die Schülerzeitschrift einen kurzen Artikel über das „Weihnachtswissen" eurer Mitmenschen!

Aktionskarte:
Wenn ich Muslim/Muslima wäre …   M 2b

– Macht auf der Straße eine Umfrage zum Thema „Advent/Weihnachten"
  (mitschreiben oder aufzeichnen!)
  ○ Was bedeutet Advent und Weihnachten für Sie?
  ○ Wie wollen Sie Weihnachten feiern?
  ○ Wie viel Geld geben Sie für Geschenke aus?
  ○ Was ist für Sie das Wichtigste zu Weihnachten?
  ○ Wie haben Sie früher Weihnachten erlebt?
– Anschließend macht ihr im Klassenzimmer eine Auswertung:
  Welche Antworten wurden häufig gegeben, welche selten?
– Gestaltet aus den wichtigsten Aussagen ein Poster: Weihnachts-Gefühle…

Aktionskarte:
Bildcollage   M 2c

Ihr benötigt: Zeitungen, Illustrierte, Prospekte, Schere, Klebstoff, grünen und gelben Fotokarton

– Sammelt alle Motive und Bilder aus Zeitungen, Illustrierten und Prospekten,
  die mit Advent und Weihnachten zu tun haben.
– Schneidet sie aus und klebt sie auf einen großen Bogen Fotokarton.
– Unterhaltet euch dabei:
  ○ Was fällt euch auf?
  ○ Welche Gefühle werden angesprochen?
  ○ Welche Vorstellung von Weihnachten wird vermittelt?
  ○ Gibt es christliche Symbole in der Werbung?
– Von euren Überlegungen berichtet ihr, wenn ihr die Collage später vorstellt!

Aktionskarte:
Weihnachtswünsche   M 2d

Ihr benötigt: Prospekte, Illustrierte, Zeitungen, Spielzeugkataloge, Filzstifte, Schere, Klebstoff

– Schneidet eure Weihnachtswünsche aus, zeichnet sie oder schreibt sie auf,
  so dass ein möglichst bunter Wunschzettel entsteht.
– Überlegt in der Gruppe:
  ○ Warum beschenken wir uns an Weihnachten?
  ○ Worauf kommt es beim Schenken an?
  ○ Wünsche, die nicht in Erfüllung gehen können?
– Schreibt eure Ideen und Vorschläge auf einen großen gelben Stern aus Fotokarton,
  z.B. eine Stunde Zeit haben, jemanden einladen zum Spielen…

Zusatzkarte:
Das Ja-/Nein-Spiel zu Weihnachten   M 3

Heiligabend ist für mich der Gottesdienst am wichtigsten.	Weihnachten muss man alle Menschen lieben.	Hauptsache: Die Geschenke sind groß!	Wir gehen nur Weihnachten in die Kirche.
Ich kenne meine Geschenke schon vorher.	Ich suche mir meine Geschenke selbst aus.	Weihnachten denken wir über Gott nach.	Weihnachten ist anstrengend.
Es gibt viel Hektik vor den Weihnachtstagen.	Weihnachten sollte man abgeschaffen; jeder denkt nur ans Kaufen.	Weihnachten sind die meisten Menschen nett.	Ich freue mich auf Weihnachten, weil dann die Familie zusammen kommt.
Weihnachten denken alle nur an Schenken und Beschenktwerden.	In vielen Familien gibt es zu Weihnachten Streit.	Nur für Kinder hat Weihnachten noch eine große Bedeutung.	Weihnachten macht keinen Spaß, wenn der Konsum das Fest bestimmt.
„Weihnachten" wird übertrieben.	Ich kann die Weihnachts- geschichte erzählen.	Arme Menschen sollten von uns auch Geschenke bekommen.	Ich überlege schon früh, womit ich Freude bereiten kann.
Weihnachten bin ich am liebsten mit vielen Menschen zusammen.	Ich wünsche mir, dass Weihnachten überall Frieden ist.	Zu Weihnachten gehört gutes Essen.	Weihnachten geht man in die Kirche.

Aktionskarte:
Ja-/Nein-Spiel zu Weihnachten

M 3

Ihr braucht eine Kopie der **Zusatzkarte M3**; am besten klebt ihr die auf eine dünne Pappe und schneidet dann die Kärtchen aus.
Außerdem erhaltet ihr die Spielanleitung (**Basiskarte 4**), **Ja-/Nein-/Jokerkärtchen und Antwortpläne.**

- Nach dem Spiel versucht ihr, Bilanz zu ziehen: Was hat euch überrascht? Was besonders geärgert/gefreut?
- Formuliert als Gruppe drei „Aha-Erlebnisse" und schreibt diese möglichst groß und anschaulich auf eine große Pappe/ein Poster zur Demonstration in der Klasse!

Aktionskarte:
Karikatur

M 4

Behrendt/CCC, www.c5.net

- Seht euch das Bild in Ruhe an: Menschen beladen mit Paketen hasten über die Straße: Ist das auch Advent in unserer Stadt? – Schaut euch die Gesichter der Menschen an! Maria und Josef sind außerhalb des Bildes zu erkennen – Wo hätten sie Platz?
- Nun seid ihr dran! Zeichnet eure Version dieser Karikatur auf ein großes Blatt – aber so, dass den Menschen noch Denk-/Sprechblasen zugeordnet werden können. Füllt diese dann nach eurem Verständnis aus.
  Auch Maria und Joseph sollen etwas denken/sagen! (auch der Esel?)

Infokarte:
Der Stern, der Berg und die große Stadt   M 5

Eines Nachts fiel ein leuchtender Stern vom Himmel. Er fiel auf einen hohen Berg, der von Eis und Schnee starrte. Als der Berg vom Stern berührt wurde, begannen in seinem Glanz Eis und Schnee zu schmelzen. Der Berg sagte: „Ich bin so glücklich, dass du zu mir gekommen bist, lieber Stern. Du bist leuchtend, warm und schön. Du hast mein Leben verwandelt. Noch nie haben Bäche auf meinen Hängen getanzt, und noch nie haben Blumen auf meinen Abhängen geblüht. Bleibe bei mir!" Der Stern sah von der Bergspitze die Lichter im Tal und sagte: „Ich kann nicht bei dir bleiben, lieber Berg. Ich muss zu den vielen Sternen dort unten im Tal."

Der Stern rollte vom Gipfel des Berges hinunter ins Tal. Morgens kam er in der großen Stadt an. Die Menschen dort waren unfreundlich, mürrisch und gehetzt. Die Kinder waren traurig, weil niemand Zeit für sie hatte.

Der Stern begann sofort, das dunkle Leben mit seinem Licht zu erhellen. Gleich am Stadtrand wohnten arme Leute. Dort saß eine Familie am Frühstückstisch, und die Kinder fragten: „Warum gibt es bei uns nie Kuchen?" In diesem Augenblick rollte der Stern vorüber, und als der Glanz durch das Fenster fiel, riefen die Kinder: „Was ist mit dem Brot geschehen? Es hat sich in Kuchen verwandelt." – „Wirklich", sagten die Eltern, „das Brot schmeckt wie Kuchen. Das ist ein Wunder!"

Der Stern rollte weiter, und sein Schein fiel in das Haus einer reichen Familie. „Vater, frühstückst du heute mit uns?" fragten die Kinder. „Nein", sagte der Vater mürrisch, „ich habe keine Zeit, ich muss Geld verdienen." – „Ich muss auch weg", rief die Mutter. „Ich will mir ein neues Kleid kaufen. Esst nur allein!" Die Kinder waren traurig, weil die Eltern nie Zeit für sie hatten. Als der Stern vorüberrollte und sein Glanz in das Haus fiel, zog der Vater plötzlich seinen Mantel wieder aus. „Ich bleibe bei euch!" rief er vergnügt. „Ihr seid mir wichtiger als alles Geld, das ich heute verdienen könnte." – „Vater hat recht", sagte die Mutter. „Ich bleibe auch daheim. Wozu brauche ich ein neues Kleid? Der Schrank hängt schon ganz voll. Ich will lieber mit euch spielen." Bald saß die ganze Familie vergnügt am Frühstückstisch.

Der Stern rollte weiter in die Stadt hinein. Die Menschen dort hasteten mit finsteren Gesichtern durch die Straßen. Die Autofahrer hupten, und die Fußgänger schimpften hinter ihnen her. Alle hatten es eilig. Als der Stern kam und sein Glanz über die Menschen fiel, vergaßen alle, dass sie es eilig hatten. Sie dachten nicht mehr an ihr Geld, an das größere Auto und an das schönere Haus. Ihre Herzen wurden leicht und ihre Gesichter leuchtend. Sie sahen einander an, fassten sich an den Händen und tanzten hinter dem Stern her. Kinder und Lehrer kamen aus den Schulen gelaufen, Verkäuferinnen und Kunden kamen aus den Geschäften und Beamte und Angestellte aus der Stadtverwaltung. Alle freuten sich und tanzten. So kam der Stern, gefolgt von vielen glücklichen Menschen, auf dem Marktplatz an.

Im Rathaus saß der Oberbürgermeister über dicke Akten gebeugt. Plötzlich stand er auf und sah vom Balkon aus viele Menschen, die um einen Stern tanzten. Weil der Bürgermeister einen großen Orden auf seiner Brust trug, konnte der Sternenglanz sein Herz nicht berühren. Zornig schrie er: „Zum Donnerwetter! Habt ihr den Verstand verloren? In einer ordentlichen Stadt wird am helllichten Tag gearbeitet und nicht getanzt."

Fortsetzung auf Seite 165

Fortsetzung von Seite 164

„Die Polizei muss Ordnung schaffen!" schrie der Bürgermeister. Die Polizei kam. Als die Polizisten den Stern sahen, tanzten sie mit den Leuten auf dem Marktplatz. Da rief der Bürgermeister die Feuerwehr und befahl, dass die Feuerwehrmänner ihre feuerfesten Anzüge anziehen sollten. Durch feuerfeste Anzüge kann der helle Strahl des Sterns nicht hindurch. Deshalb blieben die Feuerwehrmänner ernst und finster. Sie packten den Stern mit langen Eisenstangen an und luden ihn auf das Feuerwehrauto. „Der Stern ist aus Gold. Wenn wir ihn schmelzen, dann bekommen wir einen großen Klumpen Gold und sind reich." Sie fuhren den Stern zum Schmelzofen. Die Leute tanzten hinterher, denn sie wussten nicht, was mit dem Stern geschehen sollte.

Der Schmelzofen glühte heiß. „Hau ruck!" riefen die Feuerwehrmänner und warfen den Stern in das große, rote Ofenmaul. Der Schmelzofen wollte den Stern verschlingen. Aber umsonst. Der Stern war stärker als alle Flammen. Er stand auf seinen Zacken mitten im lodernden Feuer und strahlte so hell, dass er sogar durch die feuerfesten Anzüge der Feuerwehrmänner hindurchdrang. Da wurden auch ihre Herzen warm und froh. Sie fassten sich an den Händen und tanzten.

Da nahm der Bürgermeister selbst die eiserne Stange und holte den Stern aus dem Schmelzofen. Er stellte ihn auf den kalten Boden. Da wurde der Glanz des Sterns schwächer.

„Bringt ihn zur Stadt hinaus!" befahl der Bürgermeister. „Er soll dorthin gehen, woher er gekommen ist. Ein Stern gehört nicht in unsere Stadt."

Am Stadtrand gaben die Feuerwehrmänner dem Stern einen Schubs, damit er weit wegrollte. An den Eingängen der Stadt wurden Wachen aufgestellt und Schilder, auf denen zu lesen war: „Sternen ist der Zutritt strengstens verboten."

Nun war die Stadt wieder ohne Stern und ohne Glanz, ohne Freude und Glück. Die Herzen der Menschen waren wieder schwer und ihre Gesichter finster. Alles in der Stadt war wie vorher. Nur abends, wenn die Menschen in den Häusern saßen, dachten sie an den Stern, der mit seinem Glanz ihre Herzen warm und leicht gemacht hatte. Eine Sehnsucht nach diesem Stern blieb bei allen.

Der Stern rollte zurück zum Berg und sagte: „Ich will bei dir bleiben, lieber Berg. Ich will von hier aus leuchten ins weite Land, in die dunkle Nacht."

Hinfort trösteten sich die Menschen in der Stadt mit seinem Schein, der nachts weithin sichtbar war. Immer, wenn es ihnen schwer ums Herz war, und immer, wenn es bei ihnen ganz dunkel wurde, dann blickten sie zum hellen Stern empor, um sich von seinem Glanz erleuchten und verändern zu lassen. Der Stern schenkte allen, die seinen Schein in ihr Herz aufnahmen, Freude und neue Kraft, Licht und Wärme. Wer den Glanz des Sterns in sein Herz dringen ließ, der wurde glücklich, leuchtend und strahlend.

Nach: Irina Korschunow, Der Stern, der Berg und die große Stadt, Hirundo-Verlag, München 1967

Aktionskarte:
Der Stern, der Berg und die große Stadt

M 5a

– Ihr braucht eine Infokarte M 5! Lest das Märchen und macht euch Stichwörter!
– Unterteilt den Text in viele kleine Szenen, z.B.

> Ein Stern fällt auf einen hohen Berg. Der Berg blüht.
> Der Stern rollt hinunter ins Tal.
> Eine Familie am Frühstückstisch…
> Der Stern rollt in die Stadt.
> Auf dem Marktplatz tanzen Menschen.
> Der Oberbürgermeister über dicke Akten gebeugt…

– Aus diesen Szenen gestaltet ihr nun eine Diaserie – und das geht so:
  Jeder aus der Gruppe holt sich ein glasloses Diarähmchen und schneidet entsprechend
  groß ein Stück Pergament bzw. Architektenpapier aus.
  Jeder zeichnet eine Szene auf sein Papier; den Umriss der Personen müsst ihr mit
  schwarzem Fineliner nachziehen.
– Legt das fertige Bildchen in den Diarahmen!
– Entwerft zu jedem Dia einen einzigen Satz als Kommentar (zur Sicherheit schriftlich) –
  fertig ist die Diashow!

Aktionskarte:
Maria an der Krippe

M 6a

– Eure Figur ist die Maria! Gestaltet einen „Steckbrief"!
– Wie würde sie sich selbst vorstellen? Macht euch Notizen; sprecht euch gegenseitig vor!
– Welches besondere Merkmal könnte Maria deutlich auszeichnen?

Aktionskarte:
Josef an der Krippe

M 6b

– Eure Figur ist der Josef! Gestaltet einen „Steckbrief"!
– Wie würde er sich selbst vorstellen? Macht euch Notizen; sprecht euch gegenseitig vor!
– Welches besondere Merkmal könnte Josef deutlich auszeichnen?

Aktionskarte:
Das Jesuskind in der Krippe

M 6c

– Eure Figur ist das Jesuskind! Gestaltet einen „Steckbrief"!
– Wie würde es sich selbst vorstellen? Macht euch Notizen; sprecht euch gegenseitig vor!
– Welches besondere Merkmal könnte das Jesuskind deutlich auszeichnen?

Aktionskarte:
Ein Hirte an der Krippe   M 6d

– Eure Figur ist ein Hirte! Gestaltet einen „Steckbrief"!
– Wie würde er sich selbst vorstellen? Macht euch Notizen; sprecht euch gegenseitig vor!
– Welches besondere Merkmal könnte den Hirten deutlich auszeichnen?

Aktionskarte:
Einer der Weisen aus dem Morgenland   M 6e

– Eure Figur ist einer der drei Weisen! Gestaltet einen „Steckbrief"!
– Wie würde er sich selbst vorstellen? Macht euch Notizen; sprecht euch gegenseitig vor!
– Welches besondere Merkmal könnte diesen Mann deutlich auszeichnen?

Aktionskarte:
Ein Engel bei der Krippe   M 6f

– Eure Figur ist ein Engel! Gestaltet einen „Steckbrief"!
– Wie würde er sich selbst vorstellen? Macht euch Notizen; sprecht euch gegenseitig vor!
– Welches besondere Merkmal könnte diesen Engel deutlich auszeichnen?

Aktionskarte:
Der Ochse an der Krippe   M 6g

– Eure Figur ist der Ochse! Gestaltet einen „Steckbrief"!
– Wie würde er sich selbst vorstellen? Macht euch Notizen; sprecht euch gegenseitig vor!
– Welches besondere Merkmal könnte dieses Tier deutlich auszeichnen?

Aktionskarte:
Der Esel an der Krippe   M 6h

– Eure Figur ist der Esel! Gestaltet einen „Steckbrief"!
– Wie würde er sich selbst vorstellen? Macht euch Notizen; sprecht euch gegenseitig vor!
– Welches besondere Merkmal könnte dieses Tier deutlich auszeichnen?

Aktionskarte:
Ein Schaf an der Krippe   M 6i

– Eure Figur ist ein Schaf! Gestaltet einen „Steckbrief"!
– Wie würde es sich selbst vorstellen? Macht euch Notizen; sprecht euch gegenseitig vor!
– Welches besondere Merkmal könnte dieses Tier deutlich auszeichnen?

Für einen zeitgemäßen Religionsunterricht
Methodenkompetenz für Lehrende und Lernende

Michael Wermke (Hg.)

Aus gutem Grund: Religionsunterricht

2002. 215 Seiten mit 11 Abbildungen, kartoniert
ISBN 3-525-61404-7

Der schulische Religionsunterricht steht unter wachsendem Rechtfertigungsdruck. Zudem ist er das einzige reguläre Unterrichtsfach, das abgewählt werden kann. Die schlechte Reputation des Religionsunterrichts hat auch damit zu tun, dass die Arbeit, die im modernen Religionsunterricht geleistet wird, weder in ihrem Inhalt noch in ihrem Selbstverständnis oder Ziel öffentlich bekannt ist. Dieser Band will über den bestehenden Religionsunterricht aufklären und für ihn werben. Es geht nicht um religionsdidaktische Theorien, sondern um eine Darstellung dessen, was ist, was sein kann oder sein soll.

Ein allgemein verständliches Buch mit Informationen und Anregungen für Lehrkräfte, die für ihr Fach werben, für Funktionsträger, die sich für den Religionsunterricht einsetzen, für Eltern, die ihre Kinder in den Religionsunterricht geben, sowie für alle, die sich für die Zukunft von Kirche, Schule und Bildung interessieren.

Gottfried Adam /
Rainer Lachmann (Hg.)

Methodisches Kompendium für den Religionsunterricht 2

Aufbaukurs

2002. 430 Seiten, kartoniert
ISBN 3-525-61411-X

Wichtige Themen

Freiarbeit – Freies Lernen / Lernwerkstatt / Gestaltpädagogik / Bibliodrama / Umgang mit Bibelwort-Karteien / Pop- und Rockmusik / Fantasiereisen / Heftgestaltung / Motivationsmethoden / Film, Fernsehen, Video.

Weitere Informationen:
Vandenhoeck & Ruprecht, 37070 Göttingen
E-mail: info@vandenhoeck-ruprecht.de
internet: www.vandenhoeck-ruprecht.de

Was Schülerinnen und Schüler im Religionsunterricht erleben, ist mehr, als biblische Geschichten zu hören und anschließend ein Bild zu malen. Damit Religionsunterricht mehr sein kann, bedarf es nicht nur fachlich, sondern auch methodisch kompetenter Lehrkräfte. Dieser Erkenntnis trägt seit Erscheinen das *Methodische Kompendium für den Religionsunterricht* von Gottfried Adam und Rainer Lachmann Rechnung, das mittlerweile ein – mehrfach aktualisierter – Klassiker ist.

Heute hat gerade der Religionsunterricht eine große Vielfalt neuer und spezifischer Methoden entwickelt. Dies machte einen zweiten Band des *Methodischen Kompendiums* notwendig, in dem nun prominente Vorreiter*innen* neuer Ansätze des evangelischen wie des katholischen Religionsunterrichts ihre besonderen Zugänge praxisnah vorstellen – geeignet zur Reflexion wie zur direkten Umsetzung.

Der Band enthält erprobte Beispiele zu allen Unterrichtsformen, die im zeitgemäßen Religionsunterricht eine Rolle spielen.

Als gründlich überarbeitete Neuauflage liegt der 1. Band des *Methodischen Kompendiums für den Religionsunterricht* mit dem Untertitel *Basisband* vor.

Vandenhoeck & Ruprecht